U0852626

国家出版基金项目
NATIONAL PUBLICATION FOUNDATION

中国式现代化研究丛书
张东刚　刘　伟　总主编

迈向现代化新征程的法治中国建设

黄文艺　强梅梅　彭小龙 等 著

中国人民大学出版社
·北京·

图书在版编目（CIP）数据

迈向现代化新征程的法治中国建设/黄文艺等著．北京：中国人民大学出版社，2025.7. --（中国式现代化研究丛书/张东刚，刘伟总主编）. -- ISBN 978-7-300-34130-9

Ⅰ. D920.0

中国国家版本馆 CIP 数据核字第 2025M87M62 号

国家出版基金项目
中国式现代化研究丛书
张东刚　刘　伟　总主编
迈向现代化新征程的法治中国建设
黄文艺　强梅梅　彭小龙　等　著
Maixiang Xiandaihua Xin Zhengcheng de Fazhi Zhongguo Jianshe

出版发行	中国人民大学出版社		
社　　址	北京中关村大街 31 号	**邮政编码**	100080
电　　话	010－62511242（总编室）		010－62511770（质管部）
	010－82501766（邮购部）		010－62514148（门市部）
	010－62511173（发行公司）		010－62515275（盗版举报）
网　　址	http://www.crup.com.cn		
经　　销	新华书店		
印　　刷	涿州市星河印刷有限公司		
开　　本	720 mm×1000 mm　1/16	**版　　次**	2025 年 7 月第 1 版
印　　张	16 插页 3	**印　　次**	2025 年 7 月第 1 次印刷
字　　数	167 000	**定　　价**	94.00 元

版权所有　侵权必究　　印装差错　负责调换

中国式现代化：强国建设、民族复兴的必由之路

历史总是在时代浪潮的涌动中不断前行。只有与历史同步伐、与时代共命运，敢于承担历史责任、勇于承担历史使命，才能赢得光明的未来。2022 年 10 月，习近平总书记在党的二十大报告中庄严宣示："从现在起，中国共产党的中心任务就是团结带领全国各族人民全面建成社会主义现代化强国、实现第二个百年奋斗目标，以中国式现代化全面推进中华民族伟大复兴。"2023 年 2 月，习近平总书记在学习贯彻党的二十大精神研讨班开班式上发表重要讲话进一步强调："概括提出并深入阐述中国式现代化理论，是党的二十大的一个重大理论创新，是科学社会主义的最新重大成果。中国式现代化是我们党领导全国各族人民在长期探索和实践中历经千辛万苦、付出巨大代价取得的重大成果，我们必须倍加珍惜、始终坚持、不断拓展和深化。"习近平总书记围绕以中国式现代化推进中华民族伟大复兴发表的一系列重要讲话，深刻阐述了中国式现代化的一系列重大理论和实践问题，是对中国式现代化理论的极大丰富和发展，具有很强的政治性、理论性、针对性、指导性，对于我们正确理解中国式现代化，全面学习、全面把握、全面落实党的二十大精神，具有十分重要的意义。

现代化是人类社会发展到一定历史阶段的必然产物，是社会基本矛盾运动的必然结果，是人类文明发展进步的显著标志，也是世界各国人民的共同追求。实现现代化是鸦片战争以来中国人民孜孜以求的目标，也是中国社会发展的客观要求。从1840年到1921年的80余年间，无数仁人志士曾为此进行过艰苦卓绝的探索，甚至付出了血的代价，但均未成功。直到中国共产党成立后，中国的现代化才有了先进的领导力量，才找到了正确的前进方向。百余年来，中国共产党团结带领人民进行的一切奋斗都是围绕着实现中华民族伟大复兴这一主题展开的，中国式现代化是党团结带领全国人民实现中华民族伟大复兴的实践形态和基本路径。中国共产党百年奋斗的历史，与实现中华民族伟大复兴的奋斗史是内在统一的，内蕴着中国式现代化的历史逻辑、理论逻辑和实践逻辑。

一个时代有一个时代的主题，一代人有一代人的使命。马克思深刻指出："人们自己创造自己的历史，但是他们并不是随心所欲地创造，并不是在他们自己选定的条件下创造，而是在直接碰到的、既定的、从过去承继下来的条件下创造。"中国式现代化是中国共产党团结带领中国人民一代接着一代长期接续奋斗的结果。在新民主主义革命时期，党团结带领人民浴血奋战、百折不挠，经过北伐战争、土地革命战争、抗日战争、解放战争，推翻帝国主义、封建主义、官僚资本主义三座大山，建立了人民当家作主的新型政治制度，实现了民族独立、人民解放，提出了推进中国式现代化的一系列创造性设想，为实现现代化创造了根本社会条件。在社会主义革命和建设时期，党团结带领人民自力更生、发愤图强，进行社会主义革命，推进社会主义建设，确立社会主义基本制度，完成了中华民族有史以来最广泛而深刻的社会变革，提出并积极推进"四个现代化"的战略目标，建立起独立的比较完整的工业体系和国民经济体系，在实现什么样的现代化、怎样实现现代化的重大问题上作出了宝贵探索，积累了宝贵经验，为现代化建设奠定了根本政治前提和宝贵经验、理论准备、物质基础。在改革开放和社会主义建设新时期，党团结带领人民解放思想、锐意进取，实现了新中国成立以来党的历史上具有深远意义的伟大转折，确立党在社会主义初级阶段的基本路线，坚定不移推进改革开放，开创、坚持、捍卫、发展中国特色社会主义，在深刻总结我国社会主义现代化建设正反两方面经验基础上提出了"中国式现代化"的命题，提出了"建设富强、民主、文明的社会主义现代化国家"的目标，制定了到21世纪中叶分三步走、基本实现社会主义现代化的发展战略，让中国大踏步赶上时代，为中国式现代化提供了充满新的活力的体制保证和快速发展的物质条件。进入中国特色社会主义新时代，以习近平同志为核心的党中央团结带领人民自信自强、守正创新，成功推进和拓展了中国式现代化。我们党在认识上不断深化，创立了习近平新时代中国特色社会主义思想，实现了马克思主义中国化时代化新的飞跃，为中国式现代化提供了根本遵循。明确指出中国式现代化是人口规模巨大的现代化、是全体人民共同富裕的现代化、是物质文明和精神文明相协调的现代化、是人与自然和谐共生的现代化、是走和平发展道路的现代化，揭示了中国式现代化的中国特色和科学内涵。在实践基础上形成的中国式现代化，其本质要求是，坚持中国共产党领导，坚持中国特色社会主义，实现高质量发展，发展全过程人民民主，丰富人民精神世界，实现全体人民共同富裕，促进人与自然和谐共生，推动构建人类命运共同体，创造人类文明新形态。习近平总书记强调，在前进道路上，坚持和加强党的全面领导，坚持中国特色社会主义道路，坚持以人民为中心的发展思想，坚持深化改革开放，坚持发扬斗争精神，是全面建设社会主义现代化国家必须牢牢把握的重大原则。中国式现代化理论体系的初步构建，使中国式现代化理论与实践更加清晰、更加科学、更加可感可行。我们党在战略上不断完善，深入实施科教兴国战略、人才强国战略、乡村振兴战略等一系列重大战略，为中国式现代化提供坚实战略支撑。我们党在实践上不断丰富，推进一系列变革性实践、实现一系列突破性进展、取得一系列标志性成果，推动党和国家事业取得历史性成就、发生历史性变革，特别是消除了绝对贫困问题，全面建成小康社会，为中国式现代化提供了更为完善的制度保证、更为坚实的物质基础、更为主动的精神力量。

思想是行动的先导，理论是实践的指南。毛泽东同志深刻指出："自从中国人学会了马克思列宁主义以后，中国人在精神上就由被动转入主动。"中国共产党是为中国人民谋幸福、为中华民族谋复兴的使命型政党，也是由科学社会主义理论武装起来的学习型政党。中国共产党的百年奋斗史，也是马克思主义中国化时代化的历史。正如习近平总书记所指出的："中国共产党为什么能，中国特色社会主义为什么好，归根到底是马克思主义行，是中国化时代化的马克思主义行。"一百多年来，党团结带领人民在中国式现代化道路上推进中华民族伟大复兴，始终以马克思主义为指导，不断实现马克思主义基本原理同中国具体实际和中华优秀传统文化相结合，不断将马克思关于现代社会转型的伟大构想在中国具体化，不断彰显马克思主义现代性思想的时代精神和中华民族的文化性格。可以说，中国式现代化是科学社会主义先进本质与中华优秀传统文化的辩证统一，是根植于中国大地、反映中国人民意愿、适应中国和时代发展进步要求的现代化。中国式现代化理论是中国共产党团结带领人民在百年奋斗历程中的思想理论结晶，揭示了对时代发展规律的真理性认识，涵盖全面建设社会主义现代化强国的指导思想、目标任务、重大原则、领导力量、依靠力量、制度保障、发展道路、发展动力、发展战略、发展步骤、发展方式、发展路径、发展环境、发展机遇以及方法论原则等十分丰富的内容，其中习近平总书记关于中国式现代化的重要论述全面系统地回答了中国式现代化的指导思想、目标任务、基本特征、本质要求、重大原则、发展方向等一系列重大问题，是新时代推进中国式现代化的理论指导和行动指南。

大道之行，壮阔无垠。一百多年来，党团结带领人民百折不挠，砥砺前行，以中国式现代化全面推进中华民族伟大复兴，用几十年时间走过了西方发达国家几百年走过的现代化历程，在经济实力、国防实力、综合国力和国际竞争力等方面均取得巨大成就，国内生产总值稳居世界第二，中华民族伟大复兴展现出灿烂的前景。习近平总书记在庆祝中国共产党成立100周年大会上的讲话中指出："我们坚持和发展中国特色社会主义，推动物质文明、政治文明、精神文明、社会文明、生态文明协调发展，创造了中国式现代化新道路，创造了人类文明新形态。"我们党科学擘画了中国式现代化的蓝图，指明了中国式现代化的性质和方向。党团结带领人民开创和拓展中国式现代化的百年奋斗史，就是全面推进中华民族伟大复兴的历史，也是创造人类文明新形态的历史。伴随着中国人民迎来从站起来、富起来再到强起来的伟大飞跃，我们党推动社会主义物质文明、政治文明、精神文明、社会文明、生态文明协调发展，努力实现中华文明的现代重塑，为实现全体人民共同富裕奠定了坚实的物质基础。中国式现代化是马克思主义中国化时代化的实践场域，深深植根于不断实现创造性转化和创新性发展的中华优秀传统文化，蕴含着独特的世界观、价值观、历史观、文明观、民主观、生态观等，在文明交流互鉴中不断实现综合创新，代表着人类文明进步的发展方向。

从国家蒙辱到国家富强、从人民蒙难到人民安康、从文明蒙尘到文明复兴，体现了近代以来中华民族历经苦难、走向复兴的历史进程，反映了中国社会和人类社会、中华文明和人类文明发展的内在关联和实践逻辑。中国共产党在不同历史时期推进中国式现代化的实践史，激活了中华文明的内生动力，重塑了中华文明的历史主体性，以面向现代化、面向世界、面向未来的思路建设民族的、科学的、大众的社会主义文化，以开阔的世界眼光促进先进文化向文明的实践转化，勾勒了中国共产党百余年来持续塑造人类文明新形态的历史画卷。人类文明新形态是党团结带领人民独立自主地持续探索具有自身特色的革命、建设和改革发展道路的必然结果，是马克思主义现代性思想和世界历史理论同中国具体实际和中华优秀传统文化相结合的产物，是中国共产党百余年来持续推动中国现代化建设实践的结晶。习近平总书记指出："一个国家走向现代化，既要遵循现代化一般规律，更要符合本国实际，具有本国特色。中国式现代化既有各国现代化的共同特征，更有基于自己国情的鲜明特色。"世界上没有放之四海而皆准的现代化标准，我们党领导人民用几十年时间走完了西方发达国家几百年走过的工业化进程，在实践创造中进行文化创造，在世界文明之林中展现了彰显中华文化底蕴的一种文明新形态。这种文明新形态既不同于崇尚资本至上、见物不见人的资本主义文明形态，也不同于苏联东欧传统社会主义的文明模式，是中国共产党对人类文明发展作出的原创性贡献，体现了现代化的中国特色和世界历史发展的统一。

中国式现代化是一项开创性的系统工程，展现了顶层设计与实践探索、战略与策略、守正与创新、效率与公平、活力与秩序、自立自强与对外开放等一系列重大关系。深刻把握这一系列重大关系，要站在真理和道义的制高点上，回答"中华文明向何处去、人类文明向何处去"的重大问题，回答中国之问、世界之问、人民之问、时代之问，不断深化正确理解和大力推进中国式现代化的学理阐释，建构中国自主的知识体系，不断塑造发展新动能新优势，在理论与实践的良性互动中不断推进人类文明新形态和中国式现代化的实践创造。

胸怀千秋伟业，百年只是序章。习近平总书记强调："一个国家、一个民族要振兴，就必须在历史前进的逻辑中前进、在时代发展的潮流中发展。"道路决定命运，旗帜决定方向。今天，我们比历史上任何时期都更接近中华民族伟大复兴的目标，比历史上任何时期都更有信心、有能力实现这个宏伟目标。然而，我们必须清醒地看到，推进中国式现代化，是一项前无古人的开创性事业，必然会遇到各种可以预料和难以预料的风险挑战、艰难险阻甚至惊涛骇浪。因而，坚持运用中国化时代化马克思主义的思想方法和工作方法，坚持目标导向和问题导向相结合，理顺社会主义现代化发展的历史逻辑、理论逻辑、实践逻辑之间的内在关系，全方位、多角度解读中国式现代化从哪来、怎么走、何处去的问题，具有深远的理论价值和重大的现实意义。

作为中国共产党亲手创办的第一所新型正规大学，始终与党同呼吸、共命运，服务党和国家重大战略需要和决策是中国人民大学义不容辞的责任与义务。基于在人文社会科学领域"独树一帜"的学科优势，我们凝聚了一批高水平哲学社会科学研究团队，以习近平新时代中国特色社会主义思想为指导，以中国式现代化的理论与实践为研究对象，组织策划了这套"中国式现代化研究丛书"。"丛书"旨在通过客观深入的解剖，为构建完善中国式现代化体系添砖加瓦，推动更高起点、更高水平、更高层次的改革开放和现代化体系建设，服务于释放更大规模、更加持久、更为广泛的制度红利，激活经济、社会、政治等各个方面良性发展的内生动力，在高质量发展的基础上，促进全面建成社会主义现代化强国和中华民族伟大复兴目标的实现。“丛书”既从宏观上展现了中国式现代化的历史逻辑、理论逻辑和实践逻辑，也从微观上解析了中国社会发展各领域的现代化问题；既深入研究关系中国式现代化和民族复兴的重大问题，又积极探索关系人类前途命运的重大问题；既继承弘扬改革开放和现代化进程中的基本经验，又准确判断中国式现代化的未来发展趋势；既对具有中国特色的国家治理体系和治理能力现代化进行深入总结，又对中国式现代化的未来方向和实现路径提出可行建议。

展望前路，我们要牢牢把握新时代新征程的使命任务，坚持和加强党的全面领导，坚持中国特色社会主义道路，坚持以人民为中心的发展思想，坚持深化改革开放，坚持发扬斗争精神，自信自强、守正创新，踔厉奋发、勇毅前行，在走出一条建设中国特色、世界一流大学的新路上，秉持回答中国之问、彰显中国之理的学术使命，培养堪当民族复兴重任的时代新人，以伟大的历史主动精神为全面建成社会主义现代化强国、实现中华民族伟大复兴作出新的更大贡献！

目 录

绪　论

法治中国建设新形势新愿景新理念

从当前到本世纪中叶是全面建设社会主义现代化强国的关键期，也是全面建设良法善治的法治中国的攻坚期。在新征程新阶段上，如何加快法治现代化进程，全面建设良法善治的法治中国，成为摆在全党全国人民面前的重大现实问题。对此，以习近平同志为核心的党中央，统筹中华民族伟大复兴战略全局和世界百年未有之大变局，作出了深邃的理论思考和长远的战略安排。2020 年 11 月中央全面依法治国工作会议正式提出的习近平法治思想，科学指明了“中国号”法治巨轮的前进方向，是引领法治中国建设取得更大成就的思想旗帜。此后，党中央印发的《法治中国建设规划（2020—2025 年）》《法治政府建设实施纲要（2021—2025 年）》《法治社会建设实施纲要（2020—2025 年）》等重要规划，确立了未来 30 年法治中国建设“三步走”的战略安排，作出了未来五年法治国家、法治政府、法治社会建设的顶层设计，是指导全面依法治国新征程起好步、开好局的行动纲领。站在新的历史起点上，我们应坚持以习近平法治思想为指导，认真分析法治中国建设面临的新形势新任务，科学阐释全面依法治国新理念新思路，清晰揭示法治中国建设新战略新愿景，为建设良法善治的法治中国贡献新思想新智慧。

一、法治中国建设面临的新形势

（一）两个百年目标的历史性交替

“两个一百年”，既是中国共产党为国家富强和民族复兴所设定的具有统领性、战略性意义的两个阶段性奋斗目标，也是对我国经济社会发展具有全局性、穿透性影响的两个重大历史节点。习近平在庆祝中国共产党成立 100 周年大会上代表党和人民庄严宣告，我国已实现了全面建成小康社会的第一个百年奋斗目标，正向着全面建成社会主义现代化强国的第二个百年奋斗目标迈进①。这标志着我国正式进入了全面建成社会主义现代化强国的新的历史方位和发展阶段。

在习近平所提出的9个“以史为鉴、开创未来”中有关未来发展的战略部署，都对法治中国建设提出了新任务新要求。比如，提高党科学执政、民主执政、依法执政水平，就要求加快推进党的领导入法入规，完善有关确认、规范和保障党的领导的国家法律和党内法规，确保党既依据宪法法律治国理政又依据党内法规管党治党。发展全过程人民民主，就要求完善民主选举、民主协商、民主决策、民主管理、民主监督等各环节的法律制度，推进民主制度化、法治化，保证党和国家各项工作都体现人民意志、维护人民利益、激发人民创造。推动建设新型国际关系，就要求我国积极参与国际规则制定，推动构建以人类命运共同体为目标的新型国际法治，促进国际关系民主化、法治化、合理化。

（二）社会主要矛盾的历史性变化

社会主要矛盾的变化是关系全局的历史性变化。根据党的十九大报告，当前我国社会主要矛盾是人民日益增长的美好生活需要和不平衡不充分的发展之间的矛盾。我国社会主要矛盾的历史性变化，从“物质文化需要”到“美好生活需要”，从解决“落后的社会生产”问题到解决“不平衡不充分的发展”问题，实际上是我国社会发展阶段性特征的深刻变化。

人民日益增长的美好生活需要更多地向民主、法治、公平、正义、安全、环境等方面延展，呼唤更高水平的良法善治，必将带来深刻的法治变

① 习近平．在庆祝中国共产党成立100周年大会上的讲话［N］．人民日报，2021-07-02（2）．

革。适应人民对更广范围、更深程度的民主的需要，中国法治应加强对公民的知情权、参与权、表达权、监督权的保障，健全公众参与决策、执行、监督机制，让公共事务人人参与、人人尽责。适应人民对更高层次、更为可欲的公平正义的需要，应把公平、公正、公开贯穿于立法、执法、司法全过程，努力让人民群众在每一项法律制度、每一个执法决定、每一宗司法案件中都感受到公平正义。适应人民对更全面、更充分的人权保障的需要，应把人格尊严、社会保障、美好生活等领域更多应然权利转化为法定权利，把宪法法律所规定的各类法定权利不折不扣地转化为现实权利，让人民生活更有尊严、更加幸福。适应人民对更加长远、更可预期的安全的需要，应加快健全以人民安全为宗旨的国家安全法治体系，加强对人身安全、财产安全、信息安全、生产经营安全的有效保障，让每个人有更长远的预期和更持久的信心。适应人民对更美丽、更洁净的生态环境的需要，应加强生态文明法治建设，用最严格制度最严密法治保护生态环境，让天更蓝、地更绿、水更清、空气更清新。

（三）经济发展方式的历史性转型

从高速增长到高质量发展，是中国经济发展方式的历史性转型。在高速增长阶段，经济发展的重心在于解决“有没有”和“有多少”的问题，核心关切在于国内生产总值（GDP）的规模和增速。在高质量发展阶段，经济发展的重心在于解决“好不好”和“优不优”的问题，优先关切经济质量和效益①。市场经济是法治经济，经济高质量发展离不开高水平法治保障。

---

① 高培勇．深入理解和把握经济高质量发展［N］．人民日报，2020－05－07（9）．

高质量发展是创新型发展，要求健全产权法治保护机制，加快完善企业家合法权益保护体系，加大知识产权执法司法保护力度，创造公正、透明、可预期的法治化营商环境，以法治激发全社会创业创新创造活力。高质量发展是协调型发展，要求加强京津冀协同发展、粤港澳大湾区建设、长三角一体化发展、长江经济带发展、黄河流域生态保护和高质量发展等区域发展战略的法治建设，加大城乡法治建设力度，以法治保障区域和城乡协调发展。高质量发展是绿色型发展，要求健全自然资源资产产权制度和法律法规，全面落实环境公益诉讼制度，健全刑事制裁、民事赔偿和生态补偿有机衔接的生态环境保护修复责任制度，用法治呵护绿水青山蓝天。高质量发展是开放型发展，要求营造法治化、国际化的营商环境，推进涉外法治体系建设，加强“一带一路”建设的法治保障，自主参与全球治理变革，以法治提升对外开放的质量和水平。高质量发展是共享型发展，要求加快完善体现权利公平、机会公平、规则公平的法律制度，制定完善缩小发展差距、地区差距、收入差距的法律法规，让发展成果更多更公平惠及全体人民。

（四）科学技术革命的历史性冲击

在马克思主义思想传统中，科学技术一直被视为推动人类历史发展的革命性力量。针对近代工业革命的技术创新，马克思评价说：“蒸汽、电力和自动走锭纺纱机甚至是比巴尔贝斯、拉斯拜尔和布朗基诸位公民更危险万分的革命家。”[①] 新一轮科技革命以远远超出前几次科技革命的颠覆性力量，正在重构全球创新版图、重塑全球经济结构，正在深刻改变人类的

---

① 马克思恩格斯文集：第2卷［M］. 北京：人民出版社，2009：579.

生产方式、生活方式、交往方式。以人工智能、量子信息、移动通信、物联网、区块链为代表的新一代信息技术加速突破应用，以合成生物学、基因编辑、脑科学、再生医学等为代表的生命科学领域孕育新的变革，融合机器人、数字化、新材料的先进制造技术正在加速推进制造业向智能化、服务化、绿色化转型，以清洁高效可持续为目标的能源技术加速发展将引发全球能源变革，空间和海洋技术正在拓展人类生存发展新疆域。

在人类历史上，科学技术从来没有像今天这样深刻影响着国家前途命运和人民生活福祉，从来没有像今天这样深刻改变着法治理念观念和法律规则制度。例如，生命科技的发展，使得自然人的生理、心理、精神要素变得可控制、可更改，能够以优生、健康、增能等美好名义进行基因编辑、器官调换、记忆植入等操作。自然人正在成为一架从出生之前就开始可订制、可修改、可升级的完美机器。而人工智能技术的发展，使得机器人正在获得自然人所拥有的一切能力，甚至具有比自然人更“优等”的品质，诸如不知疲倦、不闹情绪、不计回报等。这不仅带来了一系列伦理、法律问题，而且正在推动人、人性、人道、人的尊严等与人相关的传统法律概念的重构，还将催生法律主体、人权保障等领域法制变革。又如，互联网从信息互联网、价值互联网到秩序互联网的快速发展，正在创造一个比真实世界更真实、更强悍、更风云变幻的虚拟世界。这个网上世界已深深嵌入网下世界，正在改变网下世界的资源配置、游戏规则、运行法则、权力格局。这要求我们重新考量传统的以网下世界为摹本的各种法律概念和制度，特别是时间、空间、关系、结构、正义、权利、权力等基础性概念和制度设计。

（五）世界竞争格局的历史性变局

从国际上看，世界百年未有之大变局加速演进。特别是 2020 年以来，新冠疫情在全球泛滥，美国等西方国家内乱不断，世界不确定性、不稳定性因素增多。以美国为例，2020 年因白人警察跪杀黑人的暴力执法，发生了 50 年来最大的种族骚乱。2021 年 1 月，新旧总统权力交接前夕，首都华盛顿发生了暴乱事件，一批暴徒闯入国会大楼打砸抢，让这个号称“法治灯塔”的国家蒙羞。在这次新冠疫情中，美国累计确诊人数和死亡人数一直高居世界榜首。

当今世界法治发展正处于多元竞争、迭代更新的大变革时期。国际法治领导权竞争更为激烈，各国纷纷争夺国际规则制定权、国际组织主导权、国际法律服务市场占有权。与西方主要国家相比，我国在这方面还存在明显的短板和弱项。这要求我们加快培养一批具有全球视野、精通国际规则的高层次涉外法治人才，加快建设一批具有国际影响力的司法、仲裁机构，加快推进法律服务“走出去”战略，努力占领国际法治制高点。做好国际法治人才培养推荐工作，推举更多优秀人才到国际组织特别是国际仲裁机构、国际司法机构任职，让国际组织有更多的中国面孔、中国声音、中国元素。

随着我国不断深入推进全方位对外开放，我国已深深嵌入全球结构和全球体系之中。当前，影响我国安全稳定的不少问题源头在境外，例如恐怖主义、毒品走私、电信诈骗、网络攻击等犯罪。我国政法机关只有主动与有关国家加强执法安全合作，从源头上铲除祸根，才能有效保障国内安宁。随着我国实施“一带一路”建设等重大开放规划，海外利益保护问题迫在眉睫。近年来，境外侵犯我国公民、企业合法权益的事件呈上升之势。这迫切要求政法机关树立国家利益拓展到哪里、安全保护和法治服务就跟进到哪里的理念，加快构建海外安全保护体系，切实保障我国海外机构、企业和人员的合法权益。随着国际上运用法治手段遏制我国发展的趋势日益明显，我国防范应对的任务更加艰巨。近年来，一些西方国家频频运用反倾销、反补贴等法律手段对我国推行贸易保护主义政策，有的海上邻国利用制定海洋法和国际海洋争端解决机制侵犯我国海洋领土主权，给我国涉外法治工作提出了不少必须应对的课题①。在孟晚舟事件等事件中，美国等国公然对我国企业和个人滥用“长臂管辖权”，严重威胁我国海外机构和人员安全。面对中国与世界关系的新变化，中国法治建设只有树立全球视野、开放思维，构建起适应全方位对外开放新格局的对外法治工作体系，才能更好肩负起维护国家主权、安全、发展利益的重任。

（六）社会主义法治的历史性跨越

在百年奋斗进程中，中国共产党领导中国人民矢志不渝探索人类法治文明史上最先进的法治模式，谱写了波澜壮阔、气象万千的社会主义法治建设壮丽史诗，有力地增强了全体人民建设社会主义法治国家的志气、骨气、底气、豪气。一是确立了依法治国基本方略和依法执政基本方式，实现了中国共产党执政治国方略的历史性转变；二是开辟和拓展了中国特色社会主义法治道路，引领“中国号”法治巨轮向着社会主义法治强国破浪前行；三是形成和完善了中国特色社会主义法律体系，引领国家治理现代化在法治轨道上有序推进；四是形成了比较完善的党内法规制度体系，有力推进了党的领导和建设的制度化、法治化、规范化；五是实现了马克思

① 王翰．加强涉外法治建设 不断推动改革开放［N］．陕西日报，2014－12－09（5）．

主义法治理论中国化的飞跃式发展，产生了毛泽东思想的法治理论、中国特色社会主义法治理论、习近平法治思想[①]；六是充分发挥法治固根本、稳预期、利长远的作用，有力保障和实现了经济快速发展、社会长期稳定、抗击新冠疫情、消除绝对贫困等伟大奇迹。

在全面建设社会主义现代化国家新征程上，全面依法治国已进入系统推进、攻坚克难、提质增效的新阶段，迫切需要以大境界、大格局深入谋划大蓝图、大思路、大战略，让社会主义法治的优越性充分释放。立法上的要求，已不是有没有、多不多的问题，而是好不好、管不管用、有没有效的问题[②]，提高立法质量成为当务之急。执法司法上的要求，已不仅是严格执法、公正司法，还要追求精准化、文明化、人性化，展现出社会主义法治的力度、温度、风度。守法上的要求，已不是一般意义上的遵守法律，而是让尊法、信法、守法、用法、护法成为全体人民的共同追求[③]。法治建设在国家治理中的使命，已不只是服务经济社会发展，更重要的是推进国家治理体系和治理能力现代化，增强国家核心竞争力。

二、法治中国建设的新愿景

未来30年法治中国建设的根本任务就是实现从“法治大国”到“法治强国”的历史性转变。建设社会主义法治强国，就是法治中国建设的宏伟愿景。那么，什么是社会主义法治强国？结合党中央关于未来法治建设

---

① 王晨．习近平法治思想是马克思主义法治理论中国化的新发展新飞跃［J］．中国法学，2021（2）：5－19.

② 中共中央文献研究室．习近平关于全面依法治国论述摘编［M］．北京：中央文献出版社，2015：43.

③ 中共中央文献研究室．习近平关于全面依法治国论述摘编［M］．北京：中央文献出版社，2015：90.

的目标设计，我们认为，社会主义法治强国的基本标志至少有以下十项：

第一，党的领导坚强有力。党的领导是中国特色社会主义法治的最大优势，党的领导坚强有力是社会主义法治强国的基本标志和前提条件。这主要体现为：以党中央的集中统一领导为龙头，各级党委总揽全局、协调各方，党委法治、政法等领导机构统筹协调、归口管理，各级法治工作机构党组（党委）主管主抓、各司其职的党领导全面依法治国的总体格局全面形成，一个既有集中统一又有分工负责、既有配合又有制约、既有公正又有效率的法治领导体系全面确立，党的领导优势得到充分释放。

第二，国家法律体系科学完备管用。国家治理急需、人民美好生活必需的重点领域、新兴领域、涉外领域立法得到切实加强，法律法规的及时性、针对性、操作性、实效性增强。民主立法机制更为健全，立法充分体现民情、汇聚民意、集中民智，得到人民内心拥护和自觉遵守。法典化进程积极稳妥推进，在基础性法律领域编纂出一批具有时代性、原创性意义的法典。

第三，法治政府全面建成。边界清晰、分工合理、权责一致、运行高效、法治保障的政府机构职能体系全面形成，做到法定职责必须为、法无授权不可为。依法行政制度体系更加健全，行政决策程序完备，政府治理规范化程序化法治化水平显著提升。行政执法体制机制更加完善，严格规范公正文明执法能力大幅提高，让人民群众在每一个执法行为中都能看到风清气正、从每一项执法决定中都能感受到公平正义。行政权力制约和监督体系更加健全，行政权力运行更为公开透明。

第四，司法公正高效权威。分工负责、相互配合、相互制约的司法权运行机制更加科学有效，谁办案谁负责的司法责任制全面确立，司法权制约监督体系全面形成。立体化、多元化、精细化的诉讼程序体系更加健全，案件繁简分流、轻重分离、快慢分道机制更加完备，简易案轻刑案快办、疑难案重刑案精办的格局形成。司法机关依法独立公正行使司法职权的制度更加稳固，司法人员履行法定职责保护机制更加有力，司法公信力和权威性大幅提升。

第五，法治社会全面建成。法治观念深入人心，法治信仰普遍确立，法治成为全社会的思维习惯和行为方式。社会领域制度规范更加健全，社会主义核心价值观要求融入法治建设和社会治理成效显著，社会治理法治化水平显著提高。诉源治理机制全面确立，多元化纠纷解决体系更加完备，社会矛盾纠纷得到有效防范化解，社会关系的融洽性、友好性、和睦性显著增强。法治和德治深度融合，社会成员思想觉悟、道德水准、文明素养显著提升，崇德向善、见义勇为、见贤思齐蔚然成风。

第六，依规治党体系更加完善。形成由立规、执规、守规所构成的科学完备、运行有效的依规治党体系，是社会主义法治强国的基本标志之一。在立规上，一个以党章为基础，由党的组织法规制度、领导法规制度、自身建设法规制度、监督保障法规制度等四大板块构成，内容科学、程序严密、配套完备、运行有效的党内法规体系全面建成并不断完善。在执规上，一个有规必依、执规必严、违规必究的党内法规制度执行体系全面建成并不断完善，让党内法规制度成为带电的高压线。在守规上，党员干部牢固树立党章党规党纪意识，形成守纪律、讲规矩、行制度的氛围，做到心有所畏、言有所戒、行有所止。

第七，权力受到有效制约监督。法治的重要功能是约束和制约权力。党内监督同国家机关监督、民主监督、司法监督、群众监督、舆论监督相互贯通、彼此衔接，党统一领导、全面覆盖、权威高效的法治监督体系全面形成。把权力关进制度的笼子，让权力在监督下行使、在阳光下运行，做到有权必有责、用权受监督、违法必追究。

第八，人权得到充分尊重保障。法治的真谛在于尊重和保障人权。人权立法切实加强，从人身权利、人格尊严到经济、政治、文化、社会、环境等各类人权的清单得到大幅扩展，人权保障的法律规范体系更加健全。人权行政保护水平显著提升，在守住不侵犯人权的底线的基础上，最大化地保障行政相对人的合法权利，最大化地防止违法犯罪行为的发生。人权司法保障体系更加完善，受到非法侵犯的权利得到及时救济，诉讼当事人的法定权利得到可靠保障，冤案错案得到有效防范。

第九，法学和法学教育形成国际声望。中国法学以崭新姿态屹立于全球，形成对中国法治问题具有回应和解决能力、对世界法治议题具有设置和攻坚能力的科学化现代化的法学学科体系、学术体系和话语体系，涌现一批具有国际学术声望的著名法学家。具有全球吸引力和影响力的法学教育模式形成，中国成为世界法学留学生的主要目的地。

第十，国际法治领导力全面确立。主持或主导国际规则制定的能力全面提升，能够对世界法治议题提出得到大多数国家支持的中国方案。形成一批具有国际美誉度的仲裁机构、司法机构，中国成为国际经贸争端解决的重要选择地。法律服务和安保行业走向世界，占有与中国国际地位相匹配的世界市场份额。

三、法治中国建设的新理念

党中央印发的《法治中国建设规划（2020—2025 年）》，既明确提出了

“十四五”时期法治建设目标，又明确提出了未来30年法治中国建设“两步走”的战略安排。到2025年的目标是，党领导全面依法治国体制机制更加健全，以宪法为核心的中国特色社会主义法律体系更加完备，职责明确、依法行政的政府治理体系日益健全，相互配合、相互制约的司法权运行机制更加科学有效，法治社会建设取得重大进展，党内法规体系更加完善，中国特色社会主义法治体系初步形成。“两步走”的战略安排是：第一步，到2035年，法治国家、法治政府、法治社会基本建成，中国特色社会主义法治体系基本形成，人民平等参与、平等发展权利得到充分保障，国家治理体系和治理能力现代化基本实现。第二步，到21世纪中叶，法律规范科学完备统一，执法司法公正高效权威，权力运行受到有效制约监督，人民合法权益得到充分尊重保障，法治信仰普遍确立，法治国家、法治政府、法治社会全面建成①。

总体上看，法治中国建设“两步走”的新战略新部署具有以下几个特点：第一，时间表审慎稳妥。“全面推进依法治国是一项长期而重大的历史任务，也必然是一场深刻的社会变革和历史变迁。”② 法治中国建设，不能急于求成、好高骛远，而要稳打稳扎、步步为营、久久为功。“两步走”战略设计，不仅把全面建成法治中国的时间设定为到本世纪中叶，而且把30年时间划分为既前后相续又递进跃升的两个阶段，体现了积极作为而又审慎稳妥的战略谋划。第二，任务书主线明确。“两步走”战略的分阶段目标任务设计，主要是围绕形成中国特色社会主义法治体系和建成法治国家、法治政府、法治社会这两个方面展开，突出了法治中国建设的核心主

---

① 法治中国建设规划（2020—2025年）[N]. 人民日报，2021-01-11（1-2）.
② 习近平．论坚持全面依法治国［M］. 北京：中央文献出版社，2020：173.

题。第三，路线图层次清晰。这两个阶段目标任务，无论是形成中国特色社会主义法治体系，还是建成法治国家、法治政府、法治社会，都大体上区分为从基本形（建）成到全面形（建）成这两个层级。

在“两步走”战略安排下，未来法治中国建设应坚持统筹推进、系统推进的新理念，推动法治建设各大板块之间同步推进、协调发展，推动法治建设和相关工作相辅相成、相得益彰。

（一）统筹推进依法治国和依规治党

依规治党和依法治国是中国特色社会主义法治的一体两翼。1978 年，邓小平深刻指出：“国要有国法，党要有党规党法。党章是最根本的党规党法。没有党规党法，国法就很难保障。”① 习近平指出：“我们党要履行好执政兴国的重大历史使命、赢得具有许多新的历史特点的伟大斗争胜利、实现党和国家的长治久安，必须坚持依法治国与制度治党、依规治党统筹推进、一体建设。”②“依规治党深入党心，依法治国才能深入民心。”③依法治国要解决的是包括党的活动在内的一切政治和经济社会活动的制度化问题，而依规治党是在依法治国解决普遍性问题基础上，进一步解决规范党的领导和党的建设活动的特殊性问题④。党的十八大之后，中国的制度建设由原来的国家法治建设一马当先，转变为党内法规制度建设和国家法治建设并驾齐驱。

在新征程上，应在党中央统一领导下，统筹安排依法治国和依规治党

① 邓小平文选：第 2 卷［M］. 2 版. 北京：人民出版社，1994：147.

② 习近平. 论坚持全面依法治国［M］. 北京：中央文献出版社，2020：169.

③ 习近平. 加强党对全面依法治国的领导［J］. 求是，2019（4）：5.

④ 宋功德. 坚持依规治党［J］. 中国法学，2018（2）：5－27.

的顶层规划、行动计划，形成党内法规建设和国家法治建设相辅相成、相互促进、相互保障的格局，创造更高水平的社会主义制度文明。其一，推进国家立法工作和党规制定工作的衔接，既加快形成完备的法律规范体系，又加快形成完善的党内法规体系，促进国家法律和党内法规有机衔接。其二，推进依法治国机制和依规治党机制的对接，确保党既依靠宪法法律治国理政，又依据党内法规管党治党。其三，推进纪检监察工作和刑事司法工作的衔接，确保监察环节收集和运用的证据与刑事诉讼证据的要求和标准相一致，做到纪法贯通。

（二）统筹推进全面深化改革和全面依法治国

自古以来，中国人就深刻认识到改革和法治的关系，将改革称为变法。“我国历史上的历次变法，都是改革和法治紧密结合，变旧法、立新法，从战国时期商鞅变法、宋代王安石变法到明代张居正变法，莫不如此。”① 改革开放以来，正确处理改革和法治的关系一直是中国改革发展的重大理论和实践主题。坚持在法治下推进改革、在改革中完善法治，推动全面深化改革和全面依法治国相同步、相衔接，是党的十八大以来我国改革发展实践的一条基本经验。

新征程上，我们要坚持改革和法治相统一、相促进，推动改革和法治在目标上互为一体，在功能上互为支撑。一方面，更加注重运用法治思维和法治方式深化改革，以法治凝聚改革共识、以法治引领改革方向、以法治规范改革进程、以法治化解改革风险、以法治固化改革成果，保障改革

---

① 习近平．论坚持全面依法治国［M］．北京：中央文献出版社，2020：38.

在法治轨道上有序推进[①]。另一方面，更加注重以改革精神推进法治中国建设，坚决破除束缚全面推进依法治国的体制机制障碍，持续深化立法体制机制、行政执法体制、国家监察体制、司法体制、法治人才培养体制等改革，促进中国特色社会主义法治体系的完善。

（三）统筹推进法治国家、法治政府和法治社会建设

习近平指出，“全面依法治国是一个系统工程，必须统筹兼顾、把握重点、整体谋划，更加注重系统性、整体性、协同性”[②]。在中国法治版图结构中，法治国家、法治政府、法治社会是三大重点板块。三者既各有侧重，又相辅相成。其中，法治国家建设侧重于在法治轨道上推进国家治理现代化，用社会主义法治确认和巩固国家根本制度、基本制度和重要制度，有效保障国家治理体系的系统性、规范性、协调性。法治政府建设侧重于在法治轨道上推进政府治理现代化，用社会主义法治给行政权力定规矩、划界限，推动政府提高严格规范公正文明执法水平。法治社会建设侧重于在法治轨道上推进社会治理现代化，用社会主义法治保证社会主体行使法定权利、履行法定义务，引导全体人民做社会主义法治的忠实崇尚者、自觉遵守者、坚定捍卫者。在推进法治中国建设的过程中，无论哪一个重点板块成为短板，都会严重影响法治建设的质量和速度。

统筹推进法治国家、法治政府、法治社会建设，要求三者统一谋划、同步规划、协调推进。在同步规划上，党中央已印发了三部重要规划。其中，《法治中国建设规划（2020—2025年）》对未来五年法治国家、法治政

① 张文显．中国法治40年：历程、轨迹和经验［J］．吉林大学社会科学学报，2018（5）：20-21.

② 习近平谈治国理政：第3卷［M］．北京：外文出版社，2020：285.

府、法治社会建设作出了统一规划，《法治社会建设实施纲要（2020—2025年）》对未来五年法治社会建设作出了顶层规划，《法治政府建设实施纲要（2021—2025年）》对未来五年法治政府建设作出了顶层规划。在协调推进上，应充分考虑法治国家、法治政府、法治社会建设政策举措之间的关联性和耦合性，使其在政策取向上相互配合、在实施过程中相互促进、在实际成效上相得益彰。

（四）统筹推进依法治国和以德治国

德法共治是中国国家治理的重要传统，是当代中国国家治理的鲜明特色。法治与德治各有其适用范围和功能，必须相互补充、相互促进，实现相辅相成、相得益彰。习近平指出，“把法治中国建设好，必须坚持依法治国和以德治国相结合，使法治和德治在国家治理中相互补充、相互促进、相得益彰”[①]。中国共产党在总结古今中外治国理政成功经验和基本规律的基础上，明确提出依法治国与以德治国相结合，确立起法德共治的治理格局。

新征程上，应坚持把社会主义核心价值观融入法治国家、法治政府、法治社会建设各领域，贯穿到科学立法、严格执法、公正司法、全民守法各环节，推动社会主义法治成为良法善治。坚持以法治承载道德理念，更加注重把孝悌仁义、诚信友爱、扶贫济困、和睦和谐、公序良俗等道德理念转化为法律规范，更加注重依法保护善行义举、惩治丑行恶举，引导社会成员崇德向善、见贤思齐。坚持以德治支撑和保障法治，加强精神文明

---

① 习近平在中共中央政治局第三十七次集体学习时强调 坚持依法治国和以德治国相结合 推进国家治理体系和治理能力现代化［N］. 人民日报，2016-12-11（1）.

建设和思想道德教育，提高社会成员道德素质和文明修养，促进人际关系和谐和睦和美，从源头上消弭矛盾纠纷、预防违法犯罪。

（五）统筹推进科学立法、严格执法、公正司法和全民守法

科学立法、严格执法、公正司法、全民守法，既是法治中国建设的目标状态，又是法治中国建设的关键环节。在这四个环节中，立法是法的运行的起始性环节，立法的好坏不仅直接影响执法、司法、守法，而且决定国家治理水平的高低。执法是法律实施的主渠道，80％以上的法律、90％的地方性法规和几乎100％的行政法规、规章都由行政机关组织实施。司法是法律实施的关键环节，是社会纠纷解决的最后一道防线，是社会公平正义的最后一道防线，是权利救济的最后一道防线。守法是法律实现的主要形式，公民守法状况是一面反映一国法治文明和社会文明水平的镜子。

在迈向良法善治的过程中，这四项任务之间的关联性、制约性不断增强。例如，立法环节上制度供给的科学性、及时性、操作性的不足，对执法、司法、守法会产生不利影响。又如，行政执法上出现的“宽松软”现象，对社会成员的守法会产生负面激励效应。新征程上，必须围绕这四个关键环节聚焦发力、统筹协调，解决影响科学立法、严格执法、公正司法、全民守法的突出问题，形成前后呼应、首尾贯通的全链条推进体系，确保法治高效有序运转。

（六）统筹推进法律规范体系、法治实施体系、法治监督体系、法治保障体系和党内法规体系建设

在中国特色社会主义法律体系形成以后，习近平提出了“建设中国特色社会主义法治体系”这一原创性时代性命题，精辟地阐述了中国特色社会主义法治体系的战略定位、科学内涵和建设路径。中国特色社会主义法治体系由法律规范体系、法治实施体系、法治监督体系、法治保障体系和党内法规体系等五个子体系构成。建设中国特色社会主义法治体系，就是“在中国共产党领导下，坚持中国特色社会主义制度，贯彻中国特色社会主义法治理论，形成完备的法律规范体系、高效的法治实施体系、严密的法治监督体系、有力的法治保障体系，形成完善的党内法规体系”①。这五个子体系的建设，既相互促进又相互制约。

在新征程上，应当同步推进、协调推进五个子体系建设。一是坚持科学立法、民主立法、依法立法，积极推进重要领域立法，健全国家治理急需的法律制度、满足人民日益增长的美好生活需要必备的法律制度，完善以宪法为核心的中国特色社会主义法律体系。二是坚持严格执法、公正司法、全民守法，持续深化行政执法体制改革、司法体制改革和守法激励机制创新，构建起高效的法治实施体制。三是坚持党内监督和人民群众监督、自上而下监督和自下而上监督、党政机关内部监督和外部监督相结合，完善党内监督、人大监督、民主监督、行政监督、监察监督、司法监督、审计监督、社会监督、舆论监督等各类监督制度，织密织牢法治监督之网，构建起严密的法治监督体系。四是抓紧建立健全法治人才培养、法治队伍建设、法治经费投入、法治科技应用、法治基础设施建设等保障机制，加快形成可持续、高效益、规范化的保障机制，构建起有力的法治保障体系。五是抓紧完善主干性、支撑性党内法规制度，健全相关配套法规制度，加快推进立改废释工作，切实提高党内法规质量，构建起完善的党

① 习近平．论坚持全面依法治国［M］．北京：中央文献出版社，2020：93.

内法规体系。

（七）统筹推进国内法治和涉外法治

在全球化时代，国内法治和涉外法治是法治中国的两个重要方面，二者互相促进、相辅相成。统筹推进国内法治和涉外法治既是实行全方位对外开放新格局，维护国家主权、安全和发展利益的必然要求，也是推进全球治理体系变革、构建人类命运共同体的必由之路。习近平指出，“坚持统筹推进国内法治和涉外法治……要加快涉外法治工作战略布局，协调推进国内治理和国际治理，更好维护国家主权、安全、发展利益”[①]。

新征程上，统筹推进国内法治和涉外法治，重点是加快涉外法治战略布局和制度建设，构建国内法治和涉外法治相衔接、相呼应的工作体系。这包括，加快中国法域外适用的法律体系建设，在国家安全、反恐、金融、反洗钱、网络安全和经济安全等领域的重要立法中，抓紧确立域外效力条款，强化域外适用规则中的法律责任。健全涉外经贸法律和规则体系，完善外商投资国家安全审查、反垄断审查、国家技术安全清单管理、不可靠实体清单等制度，提高防范应对境外安全风险能力。健全涉外工作法务制度，在驻外使领馆配强配优法务参赞、警务联络官，加快实施法律服务和安保行业“走出去”战略，及时向赴境外人员提供安全和法律服务，支持有关企业和人员在境外依法维权。积极参与执法司法国际合作，共同打击暴力恐怖势力、民族分裂势力、宗教极端势力和贩毒走私、跨国有组织犯罪，扩大国际司法协助覆盖面。

---

① 习近平．坚定不移走中国特色社会主义法治道路 为全面建设社会主义现代化国家提供有力法治保障［J］．求是，2021（5）：13.

第一章

加强党对全面依法治国的领导

中国共产党的领导是我国社会主义法治之魂，是推进全面依法治国的根本保证，是我国法治同西方资本主义国家法治最大的区别。习近平强调："全面依法治国决不是要削弱党的领导，而是要加强和改善党的领导，不断提高党领导依法治国的能力和水平，巩固党的执政地位。"①

第一节
加强党对全面依法治国的领导的必要性

在现代政党政治下，政党对国家法治建设和发展产生重要影响。即使是在党政关系较为松散的西方国家，执政党为了掌控法治建设主导权，都要以间接或直接的方式控制国家立法、执法、司法机构。"民主制中政党政府的出现，使政党能够同时对行政机构和立法机构施加影响，而且（至少在有的时候）还能影响到司法机构"②。中国共产党对中国法治建设的领导，具有历史必然性、法律正当性、实质合理性。

一、党的领导是在长期的社会主义法治实践中形成的

中国共产党从局部执政时期开始就领导人民探索新型法律制度和法

① 习近平．论坚持全面依法治国［M］．北京：中央文献出版社，2020：228.
② 让·布隆代尔，毛里齐奥·科塔．政党政府的性质：一种比较性的欧洲视角［M］．曾森，林德山，译．北京：北京大学出版社，2006：16.

治，在新中国成立后领导人民全面探索和建设社会主义法治，实现了从形成中国特色社会主义法律体系到建设中国特色社会主义法治体系的历史性变迁。对这一历史过程，习近平有透彻而清晰的总结，“土地革命时期，我们党在江西中央苏区建立了中华苏维埃共和国，开始了国家制度和法律制度建设的探索”。新中国成立后，“中国特色社会主义制度不断完善，中国特色社会主义法律体系也不断健全”。党的十八大以来，“中国特色社会主义制度日趋成熟定型，中国特色社会主义法治体系不断完善，为推动党和国家事业取得历史性成就、发生历史性变革发挥了重大作用”①。他得出结论说：“把坚持党的领导、人民当家作主、依法治国有机统一起来是我国社会主义法治建设的一条基本经验。”② 这表明，中国共产党的领导地位，是在长期的法治建设历史进程中形成的。

二、党的领导是由宪法和法律所确立的

从 1954 年宪法起，我国宪法总结长期的革命和建设实践经验，确立了中国共产党的领导地位，使党的领导从实然上升为应然。习近平指出：“我国宪法以根本法的形式反映了党带领人民进行革命、建设、改革取得的成果，确立了在历史和人民选择中形成的中国共产党的领导地位。”③ 在 2018 年修宪后，他强调：“这次修改宪法，在宪法序言确定党的领导地位的基础上，我们又在总纲中明确规定中国共产党领导是中国特色社会主义最本质的特征，强化了党总揽全局、协调各方的领导地位。”④

---

① 习近平．论坚持全面依法治国［M］．北京：中央文献出版社，2020：262－263.

②③ 习近平．论坚持全面依法治国［M］．北京：中央文献出版社，2020：92.

④ 习近平．论坚持全面依法治国［M］．北京：中央文献出版社，2020：223.

三、党的领导是社会主义法治最根本的保证

党的领导是党和国家事业发展的“定海神针”[①]，也是社会主义法治建设沿着正确方向顺利推进的前提条件。习近平指出：“党的领导是推进全面依法治国的根本保证。”[②]“只有在党的领导下依法治国、厉行法治，人民当家作主才能充分实现，国家和社会生活法治化才能有序推进。”[③] 党的十八大以来，正是在以习近平同志为核心的党中央的集中统一领导下，党和国家将全面依法治国纳入“四个全面”战略布局，作出了一系列重大决策部署，推出了一系列重大政策举措，解决了许多长期想解决而没有解决的难题，办成了许多过去想办而没有办成的大事，推动法治中国建设取得历史性成就。

四、党的领导是中国特色社会主义法治的最大优势

党的领导是中国特色社会主义最本质的特征，也是中国特色社会主义的最大优势。习近平在分析中国特色社会主义国家制度和法律制度在实践中显示出巨大优势时，首先强调的是“坚持党的领导的优势”：“七十年来，正是因为始终在党的领导下，集中力量办大事，国家统一有效组织各项事业、开展各项工作，才能成功应对一系列重大风险挑战、克服无数艰难险阻，始终沿着正确方向稳步前进。”[④] 中国特色社会主义法治把党的领导、人民当家作主和依法治国统一起来，把党总揽全局、协调各方和人

① 习近平．论坚持全面依法治国［M］．北京：中央文献出版社，2020：223.
② 习近平．论坚持全面依法治国［M］．北京：中央文献出版社，2020：2.
③ 习近平．论坚持全面依法治国［M］．北京：中央文献出版社，2020：106.
④ 习近平．论坚持全面依法治国［M］．北京：中央文献出版社，2020：264.

大、政府、政协、法院、检察院依法依章程履行职能、开展工作统一起来，从原理设计和制度安排上都超越了西方法治。正是由于党的领导，形成了我国既有集中统一又有分工负责、既有配合又有制约、既有公正又有效率的法治领导体制，超越了西方分权型、对抗型、否决型的法治体制。西方法治的基本逻辑就是通过分权制衡来防止权力滥用，其缺陷在于分权制衡容易造成互相掣肘甚至互相对抗，形成所谓“凡是你赞成的我都反对”的“否决政治”，导致难以作出公共决策，甚至出现政治僵局乃至瘫痪状态。另一个缺陷是它容易变成一种分裂的力量。特别当这种法治移植到一些发展中国家、转型中社会后，分裂效应更容易被放大，出现政治对抗、社会分解、民族分离的局面。

五、党的领导是破解法治领域改革难题的重要法宝

习近平指出：“全面依法治国是一项长期而重大的历史任务，也是一场深刻的社会变革。当前，立法、执法、司法、守法等方面都存在不少薄弱环节，法治领域改革面临许多难啃的硬骨头，迫切需要从党中央层面加强统筹协调。”① “法治领域改革涉及的主要是公检法司等国家政权机关和强力部门，社会关注度高，改革难度大，更需要自我革新的胸襟。”② 随着法治领域改革进一步触及深层次利益格局调整和制度体系变革，复杂性、敏感性、艰巨性更加明显，暗礁、潜流越来越多。只有在党的统一领导下，统筹协调各方面力量资源，法治领域改革才能攻坚克难、闯关夺隘，不断取得新的突破性进展。

---

① 习近平．论坚持全面依法治国［M］．北京：中央文献出版社，2020：224．

② 习近平．论坚持全面依法治国［M］．北京：中央文献出版社，2020：117．

第二节
健全党对全面依法治国的领导体系

中国共产党是一个有着健全严密的组织体系的政党，形成了一个由中央组织、地方组织和基层组织构成的有机整体。在全面依法治国实践中，党对法治工作的领导，实际上体现为各级各类党组织对本部门本单位法治工作的领导。当前，已初步构建起了以党中央为中枢、各级党委总揽全局、党的工作机关归口领导、国家机关党组主管主抓、基层党组织守土有责的总体格局和运行体系。加强党对全面依法治国的领导，就是加强以党中央为中枢的各类党组织对法治工作的领导，健全党对法治工作的领导体系。

一、坚持党中央对全面依法治国的集中统一领导

坚持党中央的集中统一领导，是党的领导的最高原则和最大优势。“党中央是大脑和中枢，党中央必须有定于一尊、一锤定音的权威”[①]。在法治建设上，坚持党的领导首先是坚持党中央的集中统一领导。党的十八大以来，党中央健全了领导全面依法治国的体制机制，加强了对法治中国

① 习近平谈治国理政：第3卷［M］. 北京：外文出版社，2020：86.

建设的集中统一领导。

一是以中央全会形式专门研究决定法治建设重大问题。党的十八大以来，党中央就有两次全会专门研究讨论法治建设问题。第一次是党的十八届四中全会。这是党的历史上第一次专门以法治建设为主题的中央全会，审议通过了《中共中央关于全面推进依法治国若干重大问题的决定》，对全面依法治国作出了顶层设计和战略部署，提出了180多项重要改革举措，在我国社会主义法治建设史上具有里程碑意义。第二次是党的十九届二中全会。这是我们党的历史上第一次专门以修改宪法为主题的中央全会，审议通过了《中共中央关于修改宪法部分内容的建议》，对改革开放以来第五次修宪提出了建议，对依宪治国、宪法实施作出了重大部署，在我国宪法发展史上也具有里程碑意义。除这两次全会之外，其他中央全会也对法治建设作出了重要部署。比如，党的十九届四中、五中全会都对法治中国建设提出了一系列改革举措。

二是以中央工作会议形式专题研究决定法治建设工作。2020年11月召开的中央全面依法治国工作会议，是党的历史上首次召开的以法治建设为主题的中央工作会议。这次会议最重大的成果，就是明确提出了习近平法治思想，并将其确立为全面依法治国的指导思想。

三是由中央全面依法治国委员会专门研究决定全面依法治国重大事项。2018年，党中央成立中央全面依法治国委员会，是全面依法治国领导体制的重大创新，是推进新时代法治中国建设的战略举措。中央全面依法治国委员会是党中央的决策议事协调机构，负责全面依法治国的顶层设计、总体布局、统筹协调、整体推进、督促落实[①]。该委员会下设立法、执法、司法、

---

① 深化党和国家机构改革方案［N］. 人民日报，2018-03-22（6）.

守法普法四个协调小组，负责本领域法治工作重大问题研究，组织开展督导检查、跟踪问效，推动落实委员会决策部署。该委员会下设办公室，是委员会常设办事机构，负责处理委员会日常事务，组织开展全面依法治国重大问题调查研究，协调督促有关方面落实委员会决策部署①。

四是中央政治局、中央政治局常委会研究审议法治建设重大问题。中央政治局、中央政治局常委会是党中央领导机构。根据《中国共产党中央委员会工作条例》，中央政治局、中央政治局常委会讨论和决定关系党和国家事业发展全局的重大问题②。其中包括法治建设的重大问题。

二、加强地方党委对法治建设的领导

《中国共产党地方委员会工作条例》规定，地方党委“对本地区经济建设、政治建设、文化建设、社会建设、生态文明建设实行全面领导”，“主要实行政治、思想和组织领导，把方向、管大局、作决策、保落实”③。据此，地方党委领导本地区的法治建设工作，研究解决本地区法治建设的重大问题，支持和保证人大、政府、政协、法院、检察院等依法依章程独立负责、协调一致地开展工作。

与中央相对应，县级及以上地方党委均成立了法治决策议事协调机构，即全面依法治省（市、县）委员会，负责地方法治建设的统一规划、统筹协调、整体推进、督促落实，重点推动解决部门、地方解决不了的重大事项，协调解决部门、地方之间存在分歧的重大问题。

---

① 陈一新．加快建设更高水平的法治中国［J］．求是，2018（21）：10.
② 中国共产党中央委员会工作条例［N］．人民日报，2020－10－13（2）.
③ 中国共产党地方委员会工作条例［N］．人民日报，2016－01－05（6）.

三、加强党的工作机关对法治工作的领导

党的工作机关，是指党中央和地方各级党委设立的承担领导和管理职能的机构，主要包括办公厅（室）、职能部门、办事机构和派出机关[①]。党的工作机关依据党内法规的规定，行使一定的领导和管理职责。其中，也包括领导和管理法治工作的职责。例如，根据《中国共产党政法工作条例》的规定，党委政法委是党委领导和管理政法工作的职能部门，是实现党对政法工作领导的重要组织形式。由于政法工作涉及行政立法、行政执法、司法、纠纷解决、法治教育、法律服务等[②]，党委政法委是党委领导法治工作的重要职能部门。又如，根据《中国共产党党内法规制定条例》的规定，中央办公厅承担党内法规制定的统筹协调和督促指导工作。

四、加强国家机关党组对法治工作的领导

国家机关党组是党在国家机关设立的领导机构，是党对非党组织实施领导的重要组织形式。根据《中国共产党党组工作条例》的规定，党组“发挥把方向、管大局、保落实的领导作用”，“加强对本单位业务工作和党的建设的领导”，讨论和决定本单位重大问题[③]。《中国共产党政法工作条例》规定，每个法治工作机构都设有党组（党委），领导本部门本单位法治工作，履行好把方向、管大局、保落实职责。

五、加强基层党组织对法治工作的领导

《法治社会建设实施纲要（2020—2025年）》提出，充分发挥基层党组

---

① 中共中央印发《中国共产党工作机关条例（试行）》[N]. 人民日报，2017-04-13（6）.

② 黄文艺．新时代政法改革论纲［J]. 中国法学，2019（4）：5-25.

③ 中国共产党党组工作条例［N]. 人民日报，2019-04-16（6）.

织在法治社会建设中的战斗堡垒作用①。特别是在基层和单位依法治理工作中，要充分发挥各类基层党组织的领导作用。党内法规也对如何发挥各类基层党组织的领导作用作出了明确规定。例如，《中国共产党国有企业基层组织工作条例（试行）》第 11 条规定，国有企业党委（党组）发挥领导作用，把方向、管大局、保落实，依照规定讨论和决定企业重大事项。该条所规定的国有企业党委（党组）的第 3 项主要职责是：研究讨论企业重大经营管理事项，支持股东（大）会、董事会、监事会和经理层依法行使职权。这一职责涉及党组织对企业依法经营、依法管理工作的领导。第 15 条规定，国有企业党委（党组）研究讨论的国有企业重大经营管理事项的第 4、5 项分别是：企业组织架构设置和调整，重要规章制度的制定和修改；涉及企业安全生产、维护稳定、职工权益、社会责任等方面的重大事项。这两类事项涉及党组织对企业依法治理工作的领导。

第三节

加强党对全面依法治国重点领域的领导

党的十九大以来，党中央旗帜鲜明地提出坚持党的全面领导原则。把

① 法治社会建设实施纲要（2020—2025 年）[N]. 人民日报，2020 - 12 - 08 (2).

党的全面领导原则和制度贯彻到全面依法治国领域，就是加强党对全面依法治国的全面领导，把党的领导贯彻到全面依法治国的全过程和各方面。其中，重点是加强对立法工作、法治政府建设工作、司法工作、法治社会建设工作的领导，确保 2035 年基本建成法治国家、法治政府、法治社会。

一、加强党对立法工作的领导

立法是为国家立规矩定方圆的神圣工作，也是涉及各方面利益关系的复杂工作。党的十八届四中全会提出，加强党对立法工作的领导，完善党对立法工作中重大问题决策的程序①。

党对立法工作领导的重点领域包括：一是立法体制改革工作。立法体制改革涉及国家政治体制和法治体制，必须报请党中央讨论决定。比如，赋予所有设区的市地方立法权，就由党中央研究决定。二是重要立法工作。例如，宪法修改属于国家最重要的立法工作，必须由党中央统一领导。1982 年以来宪法的五次修改，都是由中共中央政治局提出修改宪法的意见，提请中央全会讨论通过后，以中共中央名义向全国人大提出修改宪法的建议，经法定程序由全国人大常委会向全国人大提出宪法修正案草案的。三是立法重大问题。例如，法律制定和修改中的重大问题，由全国人大常委会党组向党中央报告，由党中央作出决策。

二、加强党对法治政府建设的领导

法治政府建设是法治中国建设的重点难点板块。《法治政府建设实施

① 中共中央关于全面推进依法治国若干重大问题的决定［N］. 人民日报，2014－10－29（3）.

纲要（2015—2020年）》提出："加强党对法治政府建设的领导。各级政府要在党委统一领导下，谋划和落实好法治政府建设的各项任务，主动向党委报告法治政府建设中的重大问题，及时消除制约法治政府建设的体制机制障碍。"①

党领导法治政府建设的重点领域包括：一是政府机构和行政执法体制改革。党的十九届三中全会部署的党和国家机构改革中，很多都是政府机构和行政执法体制的大变革。正是在党中央的集中统一领导下，这些重大改革举措才能稳妥提出和顺利实施。二是重点领域执法活动。党的十八大以来，在党中央的集中统一领导下，各级执法司法机关围绕食品药品安全、环境保护、道路交通安全等民生重点领域，严格依法打击损害人民群众切身利益的违法犯罪行为，使天更蓝、水更清、空气更清新、食品更安全、交通更顺畅、社会更和谐有序。三是法治化营商环境。习近平指出，法治是最好的营商环境②。党的十八大以来，各级政府在党委统一领导下，坚持依法深化"放管服"改革，加强对各种所有制经济产权的平等保护，加强对企业家人身权、财产权的保护，不断优化法治化营商环境。

三、加强党对司法工作的领导

司法肩负着权利救济、定分止争、制约公权的功能，是维护社会公平正义的最后一道防线。《法治中国建设规划（2020—2025年）》提出，坚持和加强党对司法工作的绝对领导③。党对司法工作的领导是"管方向、管

① 法治政府建设实施纲要（2015—2020年）[N]．人民日报，2015-12-28（2）．
② 习近平．论坚持全面依法治国［M］．北京：中央文献出版社，2020：254．
③ 法治中国建设规划（2020—2025年）[N]．人民日报，2021-01-11（2）．

政策、管原则、管干部，不是包办具体事务，不要越俎代庖”①。

党领导司法工作的重点领域包括：一是司法工作方针政策。党的十八大以来，在党中央的领导下，司法机关推行更为文明化、人道化的刑事司法政策，包括严格控制死刑适用，推动量刑轻缓化，推进行刑社会化、监狱人性化，实行特赦，等等。二是司法体制改革。习近平指出，深化司法体制改革，完善司法管理体制和司法权力运行机制，必须在党的统一领导下进行，坚持和完善我国社会主义司法制度②。党的十八大以来，以习近平同志为核心的党中央加强对司法改革的顶层设计，密集出台和实施了一大批改革举措，改革范围之广、力度之大、程度之深，不仅在中国司法文明史上前所未有，在世界司法改革史上也很少见③。

四、加强党对法治社会建设的领导

法治社会是构筑法治国家的基础④。《法治社会建设实施纲要（2020—2025 年）》提出，坚持党对法治社会建设的集中统一领导，凝聚全社会力量，扎实有序推进法治社会建设⑤。

党领导法治社会建设的重点领域包括：一是推进社会治理法治化。习近平指出：“要加快实现社会治理法治化，依法防范风险、化解矛盾、维护权益，营造公平、透明、可预期的法治环境。”⑥ 二是完善社会领域制度规范。加快建立健全社会领域法律制度，完善多层次多领域社会规范，

---

① 习近平．论坚持全面依法治国［M］．北京：中央文献出版社，2020：44.
② 习近平．论坚持全面依法治国［M］．北京：中央文献出版社，2020：147.
③ 黄文艺．中国司法改革基本理路解析［J］．法制与社会发展，2017（2）：5－25.
④ 习近平．论坚持全面依法治国［M］．北京：中央文献出版社，2020：230.
⑤ 法治社会建设实施纲要（2020—2025 年）［N］．人民日报，2020－12－08（2）.
⑥ 习近平．论坚持全面依法治国［M］．北京：中央文献出版社，2020：234.

强化道德规范建设，深入推进诚信建设制度化，以良法促进社会建设、保障社会善治。三是健全多元化纠纷解决体系。加快构建分层递进、分工协作、分类处理的多元化纠纷解决体系，引导更多社会纠纷以非诉讼方式解决，防止中国社会演变为诉讼社会。

第四节 健全党领导全面依法治国的制度机制

习近平指出，“要加强和改善党的领导，健全党领导全面依法治国的制度和工作机制，推进党的领导制度化、法治化”①。《中国共产党章程》《关于新形势下党内政治生活的若干准则》《中国共产党党组工作条例》《中国共产党政法工作条例》等党内法规，从不同角度规定了党领导法治工作的制度机制，有利于促进党的领导的常态化、制度化、实效化。概括起来，主要有请示报告、述职汇报、决策执行、监督制约、考核考评、督察督办、问责追责等制度。

一、健全落实请示报告制度

请示报告制度是党的一项重要制度，是执行党的民主集中制的有效工

① 习近平．论坚持全面依法治国［M］．北京：中央文献出版社，2020：2.

作机制，也是维护党的集中统一领导的重要保障。《中国共产党重大事项请示报告条例》明确规定了党内请示报告的主体、事项、程序、方式，是推进请示报告工作制度化、规范化、科学化的重要党内法规。根据该条例的规定，请示报告是指下级党组织向上级党组织，党员、领导干部向党组织就重大事项请求指示或者批准，或者呈报重要事情和重要情况①。除该条例之外，政法领域党内法规就请示报告制度作出了专门规定。例如，《中国共产党政法工作条例》专章规定了请示报告制度，要求中央政法委、中央政法单位党组（党委）向党中央和总书记请示报告工作，县级以上地方党委、党委政法委员会、政法单位党组（党委）严格执行请示报告制度。

二、健全落实述职汇报制度

述职汇报是指党组织和党员领导干部就年度履职尽责情况向党中央和有关领导机关进行书面或口头汇报，这也是维护党的集中统一领导的重要制度。述职汇报可分为三个层次：第一层次，向党中央和总书记述职汇报。《中共中央政治局关于加强和维护党中央集中统一领导的若干规定》要求，中央政治局同志每年向党中央和习近平总书记书面述职一次②。此外，全国人大常委会、国务院、全国政协、最高人民法院、最高人民检察院党组还要向中央政治局、中央政治局常委会汇报年度工作。从 2015 年以来，中央政治局常委会每年都要听取全国人大常委会、国务院、全国政协、最高人民法院、最高人民检察院党组年度工作汇报。第二层次，向党

① 中共中央印发《中国共产党重大事项请示报告条例》[N]. 人民日报，2019-03-01 (2).

② 中央政治局同志向党中央和习近平总书记述职 [N]. 人民日报，2018-03-22 (1).

委述职。《中国共产党政法工作条例》既要求政法单位党组（党委）建立健全向批准其设立的党委全面述职制度，又要求党委建立健全听取政法单位党组（党委）主要负责人述职制度。第三层次，向党委领导机构述职。《中国共产党政法工作条例》确立了党委政法委委员向党委政法委述职制度。

三、健全落实决策执行制度

决策和执行是党领导法治工作的两个重要环节。决策制度，是指各级党组织坚持科学决策、民主决策、依法决策的理念，应当按照集体领导、民主集中、个别酝酿、会议决定的原则，在各自职责权限范围内，及时对法治建设事项研究作出决定、决策部署或者指示。决策时，应当先行调查研究，提出适当方案，充分听取各方面意见，充分发挥法律顾问的作用，进行风险评估和合法合规性审查，按照规定提请相关会议讨论和决定。执行制度，是指各级党组织必须坚决贯彻执行党中央和上级党组织关于法治建设工作的决定、决策部署、指示，决不允许有令不行、有禁不止，决不允许搞上有政策、下有对策，不准许合意的执行、不合意的不执行。

四、健全落实监督制约制度

监督制约制度是推动党对法治建设领导落到实处的重要制度。例如，《中国共产党政法工作条例》规定，各级党委应当将领导和组织开展政法工作情况纳入党内监督体系，实行党内监督和外部监督相结合，增强监督合力。政法单位党组（党委）应当依法依规将政法工作情况纳入党务政务公开范围，依法有序推进审判执行公开、检务公开、警务公开、司法行政公开、狱（所）务公开，完善政法单位之间监督制约机制，确保政法工作在依法有效监督和约束环境下推进。

五、健全落实考核考评制度

考核考评是督促党组织和党员领导干部履行法治建设领导责任的重要机制。党的十八届四中全会提出，把法治建设成效作为衡量各级领导班子和领导干部工作实绩重要内容，纳入政绩考核指标体系。把能不能遵守法律、依法办事作为考察干部重要内容，在相同条件下，优先提拔使用法治素养好、依法办事能力强的干部。对特权思想严重、法治观念淡薄的干部要批评教育，不改正的要调离领导岗位①。《中国共产党政法工作条例》规定，党委应当加强对党委政法委、政法单位党组（党委）和下一级党委常委会领导开展政法工作情况的考评考核。

六、健全落实督察督办制度

督察督办是加强党对法治工作领导的重要手段。中共中央办公厅、国务院办公厅印发的《法治政府建设与责任落实督察工作规定》确立了法治政府建设督察制度，由全面依法治国（省、市、县）委员会办公室实施，以地方各级党委和政府、县级以上政府部门为督察对象。《中国共产党政法工作条例》规定了党委政法委对政法系统的政治督察、执法监督、纪律作风督查巡查等工作制度机制，以解决政法系统有令不行、有禁不止等问题。2018 年以来，中央政法委对扫黑除恶专项斗争中一些“骨头案件”

---

① 中共中央关于全面推进依法治国若干重大问题的决定［N］. 人民日报，2014－10－29（4）.

"重点案件"，比如云南孙小果案、湖南操场埋尸案进行挂牌督办，确保了专项斗争顺利推进。

七、健全落实问责追责制度

问责追责制度是保证党的领导各项制度得到有效贯彻落实的利器。根据《中国共产党问责条例》，党内问责既追究领导干部的责任，又追究党组织的责任。例如，对按照党内法规该履行向上级党组织请示报告、执行上级党组织决策等义务而没有履行的，要追究党组织及其领导干部的责任。对按党内法规该履行领导责任、监督责任而失职失察的，要追究党组织及其领导干部的责任。《中国共产党问责条例》规定了对党组织的问责方式，包括检查、通报、改组；对领导干部的问责方式，包括通报、诫勉、组织调整或组织处理、纪律处分。

第二章

全面贯彻实施宪法

宪法的生命在于实施，宪法的权威也在于实施。我国宪法发展历程说明，只要我们切实尊重和有效实施宪法，党和国家事业就能顺利发展。反之，如果宪法受到漠视、削弱甚至破坏，党和国家事业就会遭受挫折。维护宪法权威，就是维护党和人民共同意志的权威；捍卫宪法尊严，就是捍卫党和人民共同意志的尊严；保证宪法实施，就是保证人民根本利益的实现。我国要推进国家治理体系和治理能力现代化、提高党长期执政能力，必须更加注重发挥宪法的重要作用，采取更加有力的措施，加强宪法实施和监督，把国家各项事业和各项工作全面纳入依法治国、依宪治国的轨道，把实施宪法提高到新的水平。

第一节 全面贯彻实施宪法是全面依法治国的首要任务

习近平强调，“全面贯彻实施宪法是全面依法治国、建设社会主义法治国家的首要任务和基础性工作”①。这是由宪法的性质和法律地位所决定的。

一、宪法是国家的根本法

我国《宪法》明确规定：“本宪法以法律的形式确认了中国各族人民

① 习近平．论坚持全面依法治国［M］．北京：中央文献出版社，2020：196.

奋斗的成果，规定了国家的根本制度和根本任务，是国家的根本法，具有最高的法律效力。”可见，“根本法”是从宪法内容上来讲的，因为其规定的是“国家的根本制度和根本任务”，即我国宪法以国家根本法的形式，确认了中国共产党领导人民进行革命、建设、改革的伟大斗争和根本成就，确立了工人阶级领导的、以工农联盟为基础的人民民主专政的社会主义国家的国体和人民代表大会制度的政体，确立了国家的根本任务、领导核心、指导思想、发展道路、奋斗目标，规定了中国共产党领导的多党合作和政治协商制度、民族区域自治制度以及基层群众自治制度等一系列基本政治制度，规定了社会主义法治原则、民主集中制原则、尊重和保障人权原则等一系列重要原则，规定了实行社会主义市场经济，推动物质文明、政治文明、精神文明、社会文明、生态文明协调发展等一系列大政方针。宪法集中体现了党和人民的统一意志和共同愿望，是国家意志的最高表现形式。

我国宪法同一些外国宪法相比较，一大特色就是明确规定了国家的根本任务、发展道路、奋斗目标，经济建设、政治建设、文化建设、社会建设、生态文明建设和国家各方面事业在宪法中都有体现、都有要求。改革开放以来我国各方面事业发展取得的巨大成就，都离不开宪法的保证和推动；我国社会主义民主法治建设取得的巨大成就，也无不闪耀着宪法精神的光辉。一段时间以来，有的人认为我们的宪法不如外国宪法，甚至经常拿外国“宪政”模式来套我们自己的制度。“这不符合我国历史和实际，也解决不了中国问题。实践是检验真理的唯一标准。经过长期努力，我们已经成功开辟、坚持、拓展了中国特色社会主义政治发展道路和中国特色社会主义法治道路。当代中国宪法制度已经并将更好展现国家根本法的力量、更好发挥国家根本法的作用。”①

二、宪法是治国安邦的总章程

在制定中华人民共和国第一部宪法的时候，毛泽东指出：“一个团体要有一个章程，一个国家也要有一个章程，宪法就是一个总章程，是根本大法。用宪法这样一个根本大法的形式，把人民民主和社会主义原则固定下来，使全国人民有一条清楚的轨道，使全国人民感到有一条清楚的明确的和正确的道路可走，就可以提高全国人民的积极性。”②

习近平丰富和发展了这一经典论述，多次强调，我国宪法是“治国安邦的总章程”“治国理政的总章程”。这表明宪法在国家制度体系和治理体系中具有极为重要的地位，在国家有效治理方面拥有无可替代的价值。之所以说宪法是治国安邦的总章程，是因为我国宪法规定了中国共产党领导制度和执政地位，规定了中华人民共和国的一切权力属于人民，人民行使国家权力的机关是全国人民代表大会和地方各级人民代表大会，规定了国家立法机关、行政机关、监察机关、司法机关的职权范围和行使职权的程序，建立了有效的制约机制和监督体系，是国家机器有效运转的根本遵循和最高准则。

三、宪法是中国共产党长期执政的根本法律依据

我国宪法确认了中国共产党的执政地位，确认了党在国家政权结构中总揽全局、协调各方的核心地位，这是中国特色社会主义最本质的特征，

---

① 习近平．论坚持全面依法治国［M］．北京：中央文献出版社，2020：216.
② 毛泽东文集：第6卷［M］．北京：人民出版社，1999：328.

是中国特色社会主义制度的最大优势，是社会主义法治最根本的保证。实践表明，党的领导、人民当家作主、依法治国完全可以有机统一起来。党领导人民制定宪法法律，领导人民实施宪法法律，党自身必须在宪法法律范围内活动。这是我们党深刻总结新中国成立以来正反两方面历史经验特别是“文化大革命”惨痛教训之后得出的重要结论，是我们党治国理政必须遵循的一项重要原则。要坚持党领导立法、保证执法、支持司法、带头守法，把依法治国、依法执政、依法行政统一起来，把党总揽全局、协调各方同人大、政府、政协、监察机关、审判机关、检察机关依法依章程履行职能、开展工作统一起来，把党领导人民制定和实施宪法法律同党坚持在宪法法律范围内活动统一起来。

坚持党的领导是社会主义法治的根本要求，是全面依法治国题中应有之义。我国宪法为坚持党的领导、保证党的长期执政提供了根本法律依据。我们实行依宪治国、依宪执政，是中国共产党领导人民依据宪法长期执政、治理国家，而决不是要否定和放弃中国共产党的领导。坚持依宪治国、依宪执政，就包括坚持宪法确定的中国共产党领导地位不动摇，坚持宪法确定的人民民主专政的国体和人民代表大会制度的政体不动摇，任何人以任何借口否定中国共产党领导和我国社会主义制度，都是错误的、有害的，都是绝对不能接受的，也是从根本上违反宪法的。

四、宪法是全面依法治国的总依据

宪法是全面依法治国的总依据，主要体现在以下方面：第一，宪法是国家各种制度和法律法规的总依据。宪法是最高法律规范，在中国特色社会主义法律体系中居于统帅和核心地位。加强和改进立法工作，就是要继续完善以宪法为核心的中国特色社会主义法律体系，以良法促进法治、保障善治、维护人民民主权利，保证宪法确立的制度、原则和规则得到全面实施。第二，宪法具有最高的法律地位、法律权威、法律效力。全国各族人民、一切国家机关和武装力量、各政党和各社会团体、各企业事业组织，都必须以宪法为根本的活动准则，并且负有维护宪法尊严、保证宪法实施的职责。任何组织和个人都不得有超越宪法法律的特权，一切违反宪法法律的行为都必须予以追究。第三，推进全面依法治国，要在党中央领导下，加快形成完备的法律规范体系、高效的法治实施体系、严密的法治监督体系、有力的法治保障体系，形成完善的党内法规体系，用科学有效、系统完备的制度体系保证宪法实施。全国人大及其常委会要加强重点领域立法，拓展人民有序参与立法途径，通过完备的法律推动宪法实施，保证宪法确立的制度和原则得到落实。国务院和有立法权的地方人大及其常委会要抓紧制定和修改与法律相配套的行政法规和地方性法规，保证宪法和法律得到有效实施。各级国家行政机关、审判机关、检察机关要坚持依法行政、公正司法，加快推进法治政府建设，不断提高司法公信力。国务院和地方各级人民政府作为国家权力机关的执行机关，作为国家行政机关，负有严格贯彻实施宪法和法律的重要职责，要规范政府行为，切实做到严格规范公正文明执法。我们要深化司法体制改革，保证依法独立公正行使审判权、检察权。全国人大及其常委会和国家有关监督机关要担负起宪法和法律监督职责，加强对宪法和法律实施情况的监督检查，健全监督机制和程序，坚决纠正违宪违法行为。地方各级人大及其常委会要依法行使职权，保证宪法和法律在本行政区域内得到遵守和执行。

第二节

坚持依宪治国、依宪执政

新中国成立以来特别是改革开放40多年来，宪法在我们党治国理政实践中发挥了十分重要的作用。党的十八大以来，习近平多次强调，坚持依法治国首先要坚持依宪治国，坚持依法执政首先要坚持依宪执政。

一、坚持以宪法作为根本活动准则

习近平指出："全党全国要以宪法为根本活动准则，维护宪法尊严，保证宪法实施，维护社会公平正义，不断提高国家政治和社会生活法治化水平。"[①] 一方面，把宪法作为根本活动准则，意味着必须依据宪法确立的职权和程序开展各项工作，"我们要以宪法为最高法律规范，继续完善以宪法为统帅的中国特色社会主义法律体系，把国家各项事业和各项工作纳入法制轨道"[②]。各级党政组织、各级领导干部应当率先垂范，将恪守宪法作为根本行动准则，为全社会树立维护宪法权威的榜样。另一方面，把宪法作为根本活动准则，意味着全国各族人民、一切国家机关和武装力量、

① 习近平．论坚持全面依法治国［M］．北京：中央文献出版社，2020：201.
② 习近平．论坚持全面依法治国［M］．北京：中央文献出版社，2020：12－13.

各政党和各社会团体、各企业事业组织，都负有维护宪法尊严、保证宪法实施的职责，都不得有超越宪法法律的特权。坚持宪法法律至上，维护国家法制统一、尊严、权威，一切法律法规规章规范性文件都不得同宪法相抵触，一切违反宪法法律的行为都必须予以追究。

二、坚持把宪法制度体系更好转化为治国理政的强大效能

推进国家治理体系和治理能力现代化、提高党长期执政能力，必须更加注重发挥宪法的重要作用，把宪法制度体系更好转化为治国理政的强大效能。习近平指出："党领导人民制定和完善宪法，就是要发挥宪法在治国理政中的重要作用。"① 一是通过宪法法律确认和巩固国家根本制度、基本制度、重要制度，并运用国家强制力保证其实施，夯实"中国之治"的制度根基。社会主义制度是我国的根本制度，也是治国理政的根本制度优势所在。中国特色社会主义制度包括根本制度、基本制度、重要制度等一整套制度体系，其中居于统领地位的是党的领导制度。我们要用宪法巩固中国共产党的领导制度，巩固人民民主专政的国体，坚持和完善人民代表大会制度的根本政治制度，坚持马克思主义在意识形态领域指导地位的根本制度，坚持和完善社会主义基本经济制度，坚持和完善支撑中国特色社会主义的一系列重要制度，推进国家治理体系和治理能力现代化。二是依据宪法制度加快完善中国特色社会主义法律体系。从我国国情出发，继续加强制度创新，总结实践中的好经验好做法，将成熟的经验和做法及时上升为制度，转化为法律。我们要在坚持好、完善好已经建立起来并经过实

---

① 习近平．论坚持全面依法治国［M］．北京：中央文献出版社，2020：128.

践检验有效的根本制度、基本制度、重要制度的前提下，聚焦法律制度的空白点和冲突点，统筹谋划和整体推进立改废释各项工作，加快建立健全国家治理急需、满足人民日益增长的美好生活需要必备的法律制度。

香港、澳门回归祖国后，中央政府严格按照宪法和特别行政区基本法办事。党中央强调，必须全面准确、坚定不移贯彻“一国两制”方针，坚持和完善“一国两制”制度体系，坚持依法治港治澳，维护宪法和基本法确定的特别行政区宪制秩序，落实中央对特别行政区全面管治权，坚定落实“爱国者治港”“爱国者治澳”。党中央审时度势，作出健全中央依照宪法和基本法对特别行政区行使全面管治权、完善特别行政区同宪法和基本法实施相关的制度和机制的重大决策，推动建立健全特别行政区维护国家安全的法律制度和执行机制，制定《中华人民共和国香港特别行政区维护国家安全法》，完善香港特别行政区选举制度，落实“爱国者治港”原则，支持特别行政区完善公职人员宣誓制度。“一国两制”实践取得举世公认的成功，这是宪法制度体系转化为治国理政强大效能的生动体现。

第三节
加强宪法实施和监督

党的十八大以来，以习近平同志为核心的党中央坚持依宪治国，与时俱进修改宪法，设立国家宪法日，建立宪法宣誓制度，宪法实施和监督全面加强。党的十九大报告明确要求："加强宪法实施和监督，推进合宪性审查工作，维护宪法权威。"建设法治中国，必须高度重视宪法在治国理政中的重要地位和作用，坚持依宪治国、依宪执政，把全面贯彻实施宪法作为首要任务，健全保证宪法全面实施的体制机制，将宪法实施和监督提高到新水平。

一、全面贯彻实施宪法的基本要求

习近平提出，要坚持不懈抓好宪法实施工作，把全面贯彻实施宪法提高到一个新水平。习近平同时就如何全面贯彻实施宪法提出四项基本要求①：

第一，坚持正确政治方向，坚定不移走中国特色社会主义政治发展道路。改革开放以来，我们党团结带领人民在发展社会主义民主政治方面取得了重大进展，成功开辟和坚持了中国特色社会主义政治发展道路，为实现最广泛的人民民主确立了正确方向。这一政治发展道路的核心思想、主体内容、基本要求，都在宪法中得到了确认和体现，其精神实质是紧密联系、相互贯通、相互促进的。国家的根本制度和根本任务，国家的领导核心和指导思想，工人阶级领导的、以工农联盟为基础的人民民主专政的国体，人民代表大会制度的政体，中国共产党领导的多党合作和政治协商制度、民族区域自治制度以及基层群众自治制度，爱国统一战线，社会主义法制原则，民主集中制原则，尊重和保障人权原则，等等，这些宪法确立

---

① 习近平．论坚持全面依法治国［M］．北京：中央文献出版社，2020：11－15.

的制度和原则，我们必须长期坚持、全面贯彻、不断发展。

第二，落实依法治国基本方略，加快建设社会主义法治国家。宪法确立了社会主义法制的基本原则，明确规定中华人民共和国实行依法治国，建设社会主义法治国家，国家维护社会主义法制的统一和尊严。落实依法治国基本方略，加快建设社会主义法治国家，必须全面推进科学立法、严格执法、公正司法、全民守法进程。

第三，坚持人民主体地位，切实保障公民享有权利和履行义务。公民的基本权利和义务是宪法的核心内容，宪法是每个公民享有权利、履行义务的根本保证。只有保证公民在法律面前一律平等，尊重和保障人权，保证人民依法享有广泛的权利和自由，宪法才能深入人心，走入人民群众，宪法实施才能真正成为全体人民的自觉行动。

第四，坚持党的领导，更加注重改进党的领导方式和执政方式。依法治国，首先是依宪治国；依法执政，关键是依宪执政。新形势下，我们党要履行好执政兴国的重大职责，必须依据党章从严治党、依据宪法治国理政。党领导人民制定宪法和法律，党领导人民执行宪法和法律，党自身必须在宪法和法律范围内活动，真正做到党领导立法、保证执法、带头守法。

二、推进合宪性审查工作

党的十九大报告正式提出“合宪性审查”的概念，要求“加强宪法实施和监督，推进合宪性审查工作，维护宪法权威”。可见，推进合宪性审查工作是加强宪法实施和监督的最重要的制度抓手。

“目前，我国已经初步形成了‘全国人大和全国人大常委会作为审查主体——全国人大宪法和法律委员会具体负责——全国人大常委会法制工作委员会协助落实'的合宪性审查体制，合宪性审查的对象涵盖了'行政法规、地方性法规、自治条例、单行条例以及监察法规'，审查机制上包括了事先审查（即审查是否有必要立法的合宪性问题）、事中审查（即审查立法起草审议中的合宪性问题）、事后审查（即审查立法生效后的合宪性问题，事后审查主要是备案审查）。"① 就合宪性审查的对象来说，所有的法规规章、司法解释和各类规范性文件出台后都要依法依规纳入备案审查范围。全国人大常委会的备案审查工作，当然就包括审查有关规范性文件是否存在不符合宪法规定、不符合宪法精神的内容，要加强和改进这方面的工作。其他国家机关发现规范性文件可能存在合宪性问题的，要及时报告全国人大常委会或者依法提请全国人大常委会审查。习近平提出："有关方面拟出台的法规规章、重要政策和重大举措，凡涉及宪法有关规定如何理解、如何适用的，都应当事先经过全国人大常委会合宪性审查，确保同宪法规定、宪法精神相符合。"②

三、加强宪法解释工作

解释宪法，是宪法赋予全国人大及其常委会的重要职责。要健全宪法解释机制，加强宪法解释工作，积极回应涉及宪法有关问题的关切，努力实现宪法的稳定性和适应性的统一。党中央 2017 年转发了《中共全国人大常委会党组关于健全宪法解释工作程序的意见》，提出了明确要求、规定了工作规范，有关方面要认真贯彻落实。

---

① 王锴．合宪性审查与国家治理体系和治理能力现代化［J］．人大研究，2020（7）：18.

② 习近平．论坚持全面依法治国［M］．北京：中央文献出版社，2020：206.

第四节 推进宪法学习宣传教育

宪法的根基在于人民发自内心的拥护，宪法的伟力在于人民出自真诚的信仰。宪法宣传教育是法治建设的一项基础性工作。“法立于上，教弘于下。”

一、在全社会普遍开展宪法宣传教育

全民普法是全面依法治国的长期基础性工作。要在全社会广泛开展尊崇宪法、学习宪法、遵守宪法、维护宪法、运用宪法的宣传教育，弘扬宪法精神，弘扬社会主义法治意识，增强广大干部群众的宪法意识，使全体人民成为宪法的忠实崇尚者、自觉遵守者、坚定捍卫者。一是要紧密结合党的理论和路线方针政策的宣传教育，解读好宪法的精神、原则、要义，解读好宪法所规定的重大制度和重大事项。要阐释好“中国之治”的制度基础，阐释好新时代依宪治国、依宪执政的内涵和意义，阐释好宪法精神。要加强国旗法、国歌法等宪法相关法的学习宣传，强化国家认同。要加强宪法实施案例宣传。二是要通过灵活多样的形式和手段、鲜活生动的语言和事例，使广大人民群众认识到宪法不仅是全体公民必须遵循的行为规范，而且是保障公民权利的法律武器，使宪法真正走入日常生活、走入

人民群众。三是要运用国家宪法日活动、宪法宣誓等载体，推动宪法法律进企业、进乡村、进机关、进学校、进社区、进军营、进社会组织，使宪法深入人心。四是要把宪法学习教育纳入普法工作，作为首要任务，落实普法责任制，把宪法学习教育各项任务落到实处①。五是要坚持从青少年抓起，把宪法法律教育纳入国民教育体系，融入校园文化，引导青少年从小掌握宪法法律知识、树立宪法法律意识、养成尊法守法习惯。六是建设国家宪法宣传教育馆，建设各类宪法学习宣传教育基地，通过在新市民仪式、青少年成人仪式、学生毕业仪式等活动中设置礼敬宪法环节，大力弘扬宪法精神。七是把宪法教育和爱国主义教育有机结合起来，以宪法教育激发爱国热情，增进各族群众对伟大祖国、中华民族、中华文化、中国共产党、中国特色社会主义的认同。

二、完善国家工作人员学习宪法的制度

宪法的实施，同每一个国家工作人员的工作都密切相关。我国宪法对国家工作人员明确规定了义务性规范，同时增强依法执政本领也是全面增强执政本领的重要方面。要完善国家工作人员学习宪法法律的制度，推动领导干部加强宪法学习，增强宪法意识，带头尊崇宪法、学习宪法、遵守宪法、维护宪法、运用宪法，做尊法学法守法用法的模范。一是要落实国家工作人员学法用法制度，引导国家工作人员牢固树立宪法法律至上、法律面前人人平等、权由法定、权依法使等基本法治观念。二是要重点抓好“关键少数”，提高各级领导干部运用法治思维和法治方式深化改革、推动

---

① 《中央宣传部、司法部关于在公民中开展法治宣传教育的第七个五年规划（2016—2020 年）》（“七五”普法规划）中提出，把学习宣传宪法摆在首要位置。《中央宣传部、司法部关于开展法治宣传教育的第八个五年规划（2021—2025 年）》（“八五”普法规划）中明确提出，突出宣传宪法。

发展、化解矛盾、维护稳定、应对风险能力。三是要建立领导干部应知应会法律法规清单制度，分级分类明确领导干部履职应当学习掌握的法律法规和党内法规，完善配套制度，促使知行合一。四是要把法治素养和依法履职情况作为考核评价干部的重要内容，让尊法学法守法用法成为领导干部的自觉行为和必备素质。

三、加强宪法理论研究

“全面推进依法治国，法治理论是重要引领。没有正确的法治理论引领，就不可能有正确的法治实践。”[①]对于宪法的贯彻实施来说，同样如此。改革开放以来，我国宪法理论研究和话语体系建设取得了明显成效，但同日新月异的宪法实践还不完全适应，要进一步加强宪法理论研究。一是要坚持以习近平法治思想为指导，立足我国国情和实际，加强对我国宪法历史、宪法制度、宪法文化、宪法精神、宪法实施监督的理论研究，凝练我国宪法的时代特色和实践特色，形成中国特色社会主义宪法理论和宪法话语体系，为全面贯彻实施宪法凝聚思想共识、提供理论支撑。二是要加强宪法教材的编写、修订和使用，推进中国特色社会主义宪法理论进教材、进课堂、进头脑，引导当代大学生树立马克思主义的宪法观，正确观察、思考和处理各种法律和社会问题。三是要加强我国宪法和宪法理论的对外宣传工作，更加及时地发出中国声音、更加鲜明地展现中国思想、更加响亮地提出中国主张，让世界各国人民更深入了解我国宪法，提升我国宪法的话语权和影响力。

---

① 习近平．论坚持全面依法治国［M］．北京：中央文献出版社，2020：175.

第三章

完善中国特色社会主义法律体系

“治国无其法则乱，守法而不变则衰。”经过长期努力，中国特色社会主义法律体系已经形成[①]，国家和社会生活各方面总体上实现了有法可依，这是立法工作所取得的重大成就，也是继续前进的新起点。“党的十八大以来，全国人大及其常委会通过宪法修正案，制定法律 48 件，修改法律 203 件次，作出法律解释 9 件，通过有关法律问题和重大问题的决定 79 件次。截至目前，现行有效法律 282 件、行政法规 608 件，地方性法规 12 000 余件。”[②] 形势在发展，时代在前进，法律体系必须随着时代和实践发展而不断发展。进入新时代新阶段，我国应统筹谋划和整体推进立改废释纂各项工作，加快完善中国特色社会主义法律体系，使之更加科学完备、统一权威。

第一节
完善立法体制机制

完善立法体制机制，就要加强党对立法工作的领导，完善党委领导、

① 到 2010 年形成中国特色社会主义法律体系，是党的十五大提出的立法工作目标。2011 年 3 月 10 日，全国人大常委会委员长吴邦国向十一届全国人大四次会议作全国人大常委会工作报告时宣布，一个立足中国国情和实际、适应改革开放和社会主义现代化建设需要、集中体现党和人民意志的，以宪法为统帅，以宪法相关法、民法商法等多个法律部门的法律为主干，由法律、行政法规、地方性法规等多个层次的法律规范构成的中国特色社会主义法律体系已经形成。“中国特色社会主义法律体系的形成，是我国依法治国、建设社会主义法治国家历史进程中的重要里程碑，也是世界法制史上的标志性重大事件。”张文显．习近平法治思想的理论体系［J］．法制与社会发展，2021（1）：38.

② 习近平．坚定不移走中国特色社会主义法治道路 为全面建设社会主义现代化国家提供有力法治保障［J］．求是，2021（5）：10.

人大主导、政府依托、各方参与的立法工作格局。

一、加强党对立法工作的领导

中国共产党领导是中国特色社会主义最本质的特征，是中国特色社会主义制度的最大优势，党是最高政治领导力量。必须坚持“党政军民学，东西南北中，党是领导一切的”，坚决维护党中央权威，健全总揽全局、协调各方的党的领导制度体系，把党的领导落实到国家治理各领域各方面各环节。

我们党历来重视对立法工作的领导。1978 年 12 月，邓小平在中央工作会议闭幕会上的讲话中指出：“为了保障人民民主，必须加强法制。必须使民主制度化、法律化，使这种制度和法律不因领导人的改变而改变，不因领导人的看法和注意力的改变而改变。”① 随后，党的十一届三中全会进一步提出了“有法可依、有法必依、执法必严、违法必究”的法制建设十六字方针。1979 年彭真刚刚主持立法工作时就向中央提出：主管部门草拟或修改法律时，应将拟定或修订的法律要解决的主要问题和意见，请示中央原则批准。有些重要法律、条例的条文必须经中央批准，有些只要原则批准即可。对于修订的法律，也应当把修改的部分和修改的理由，提纲挈领地报请中央审批。彭真的这一意见就是要求立法工作要在党的领导下进行。这一意见在 1979 年 8 月 16 日即由中央办公厅发国家机关各党组、中央各部委，要求遵照执行。1991 年的《中共中央关于加强对国家立法工作领导的若干意见》，首次对中央加强领导立法工作进行了规范，明确了

① 邓小平文选：第 2 卷［M］. 2 版. 北京：人民出版社，1994：146.

中央领导国家立法工作的必要性、遵循的原则和方针、讨论立法事项的范围和程序，以及支持和保证全国人大及其常委会充分行使立法权等重要内容。2005 年，中共中央转发《中共全国人大常委会党组关于进一步发挥全国人大代表作用，加强全国人大常委会制度建设的若干意见》的通知，对党领导立法工作进一步制度化。党的十八大以来，党对立法工作领导的体制机制更加健全。党的十八届四中、五中全会提出，加强党对立法工作的领导，完善党对立法工作中重大问题决策的程序。2016 年出台的《中共中央关于加强党领导立法工作的意见》明确了党领导立法工作的指导思想、基本原则、方式方法和组织保障等内容。

我们既要坚持党对立法工作的领导，又要支持和保证国家政权机关依照宪法法律积极主动、独立负责、协调一致开展工作。一是要不断加强和改善党对立法工作的领导，善于使党的主张通过法定程序成为国家意志，善于使党组织推荐的人选通过法定程序成为国家政权机关的领导人员，善于通过国家政权机关实施党对国家和社会的领导，善于运用民主集中制原则维护党和国家权威、维护全党全国团结统一。二是要正确处理党的政策和国家法律的关系。党的政策和国家法律都是人民根本意志的反映，在本质上是一致的。党的政策是国家法律的先导和指引，是立法的依据和执法司法的重要指导。要善于通过法定程序使党的主张成为国家意志、形成法律，通过法律保障党的政策有效实施，确保党发挥总揽全局、协调各方的领导核心作用。党的政策成为国家法律后，实施法律就是贯彻党的意志，依法办事就是执行党的政策。党既领导人民制定宪法法律，也领导人民执行宪法法律，党自身必须在宪法法律范围内活动，做到党领导立法、保证执法、支持司法、带头守法。

“加强党对立法工作的领导，是立法工作的政治原则，也是做好立法工作的根本保证。”[①]党对立法工作的领导，主要是抓重点、抓方向，适时提出立法建议，研究决定立法工作中的重大问题。立法工作中的重大问题主要包括：事关政治方向、政治原则的重大问题，重大立法决策事项，立法规划、立法计划，重要法律法规的制定或者修改，等等。要注重完善立法机关党组向党委请示报告制度，保证将党的领导落到实处。

二、完善人大主导立法工作的体制机制

“坚持党的领导、人民当家作主、依法治国三者有机统一是我国社会主义民主法治建设经验的科学总结，是中国特色社会主义民主法治发展的基本规律和本质特征，是社会主义政治文明的基本标志，也是中国特色社会主义法治理论应当坚持的第一根本原则。”[②] 人民代表大会制度是坚持党的领导、人民当家作主、依法治国有机统一的根本制度安排。

发挥人大及其常委会在立法工作中的主导作用，最终是为了提高立法质量，使立法能够充分反映人民意志和愿望，更加切实维护好人民的根本利益。“人大在立法工作中的主导作用，并不意味着人大对立法的所有环节事无巨细、大包大揽，而是强调将人大主导的理念、思路、工作方法贯穿于立法项目的确定，立法议案的审议、修改和表决等环节，敢于和善于借鉴那些争议集中、矛盾突出的问题。”[③]

完善人大主导立法工作的体制机制，可从以下方面入手：一是优化立

① 戴建华．坚持和完善党对立法工作的领导［J］．党建研究，2020（6）：30.

② 张文显．习近平法治思想研究（中）：习近平法治思想的一般理论［J］．法制与社会发展，2016（3）：9.

③ 曾庆辉．把握地方人大主导立法工作的基本含义和原则［N］．学习时报，2020-07-29（2）.

法职权配置，发挥人大及其常委会在立法工作中的主导作用。要注意明确立法权力边界，从体制机制和工作程序上有效防止部门利益和地方保护主义法律化。二是加强人大对立法工作的组织协调，发挥人大及其常委会的审议把关作用。要建立健全重要立法争议事项协调机制，防止立法项目久拖不决。对部门间争议较大的重要立法事项，由决策机关引入第三方评估，充分听取各方意见，协调决定。三是健全全国人大相关专门委员会、全国人大常委会工作机构牵头起草重要法律草案机制。四是更好发挥人大代表在起草和修改法律法规中的作用，人民代表大会会议一般都应当安排审议法律法规案。五是完善人大常委会会议制度，探索增加人大常委会审议法律法规案的会次安排。六是充分发挥人大常委会组成人员在立法中的作用，逐步提高人大常委会专职委员特别是有法治实践经验的专职委员比例。

人民代表大会制度是实现我国全过程人民民主的重要制度载体。在加强和改进新时代人大工作时，要注意不断发展全过程人民民主。全过程人民民主深刻反映了中国特色社会主义民主政治的特征，全面和系统地揭示了人民民主作为国家治理和社会治理重要治理机制的治理特点①。在 2021 年 10 月 13—14 日举行的中央人大工作会议上，习近平在重要讲话中首次全面和系统地阐述了“全过程人民民主”的价值内涵、制度要求和具体工作措施。他指出，我国全过程人民民主不仅有完整的制度程序，而且有完整的参与实践。我国全过程人民民主实现了过程民主和成果民主、程序民主和实质民主、直接民主和间接民主、人民民主和国家意志相统一，是全链条、全方位、全覆盖的民主，是最广泛、最真实、最管用的社会主义民

① 莫纪宏．在法治轨道上有序推进“全过程人民民主”[J]．中国法学，2021（6）：6.

主。我们要继续推进全过程人民民主建设，把人民当家作主具体地、现实地体现到党治国理政的政策措施上来，具体地、现实地体现到党和国家机关各个方面各个层级工作上来，具体地、现实地体现到实现人民对美好生活向往的工作上来。具体到人大工作，一要在党的领导下，不断扩大人民有序政治参与，加强人权法治保障，保证人民依法享有广泛权利和自由。二要保证人民依法行使选举权利，民主选举产生人大代表，保证人民的知情权、参与权、表达权、监督权落实到人大工作各方面各环节全过程，确保党和国家在决策、执行、监督落实各个环节都能听到来自人民的声音。三要完善人大的民主民意表达平台和载体，健全吸纳民意、汇集民智的工作机制，推进人大协商、立法协商，把各方面社情民意统一于最广大人民根本利益之中[①]。

三、注重发挥政府在立法工作中的重要作用

政府在立法工作中发挥着重要作用：一方面，法治政府建设是法治中国建设的重点任务和主体工程，要率先突破；另一方面，在中国特色社会主义法律体系中，政府立法的数量，包括行政法规、部门规章、地方政府规章，占了很大的比重。政府立法工作做得好不好，直接影响法治政府的建设，影响整个立法工作的质量。要注重发挥政府在立法工作中的重要作用。一是要加强和改进政府立法制度建设，完善行政法规、规章的制定程序，完善公众参与政府立法机制。二是要严格按照法定权限和程序制定行政法规、规章，重要行政管理法律法规由政府法制机构组织起草，保证行

---

① 习近平在中央人大工作会议上发表重要讲话强调 坚持和完善人民代表大会制度 不断发展全过程人民民主［N］. 人民日报，2021－10－15（1）.

政法规、规章质量。三是做好政府参与有关法律、地方性法规草案的起草工作，做好政府间的部门协调。对部门间争议较大的重要立法事项，由决策机关引入第三方评估，充分听取各方意见，协调决定，不能久拖不决。

四、更好发挥地方立法的积极性

加快完善以宪法为核心的中国特色社会主义法律体系，必须注重发挥地方立法的积极性，发挥地方立法机关之间协同立法的重要作用。

根据 2000 年制定的《立法法》的规定，享有地方立法权的有 49 个（包括 27 个省、自治区的人民政府所在地的市，4 个经济特区所在地的市和 18 个经国务院批准的较大的市），尚没有地方立法权的 235 个。党的十八届四中全会通过的《中共中央关于全面推进依法治国若干重大问题的决定》提出，明确地方立法权限和范围，依法赋予设区的市地方立法权。为落实好党中央的精神，既要依法赋予所有设区的市地方立法权，以适应地方的实际需要，又要相应明确其地方立法权限和范围，避免重复立法，维护国家法制统一。2015 年修正的《立法法》赋予所有设区的市地方立法权，并明确了地方立法的权限和范围，限于“城乡建设与管理、环境保护、历史文化保护等方面的事项”。

区域协同立法是伴随着区域协调发展而出现的。随着推进区域发展一体化需求的日益增长和区域协调发展战略的不断推进，地方涌现了大量区域协同立法或具有区域协同立法雏形的立法现象。2016 年 8 月 16 日，经国务院同意，国家发展和改革委员会印发《关于贯彻落实区域发展战略促进区域协调发展的指导意见》，其中明确提出要“发挥区域规划指导约束作用”“推动区域治理法治化”。比如，2017 年，第三次京津冀协同立法工作会议通过了《京津冀人大立法项目协同办法》。2018 年，第五次京津冀协同立法工作会议又通过了《京津冀人大立法项目协同实施细则》，进一步完善了协同立法制度。2020 年天津、河北、北京先后出台关于机动车和非道路移动机械排放污染防治的条例，丰富了区域协同立法的实践。

五、拓宽和丰富社会各方有序参与立法的途径和方式

全面依法治国最广泛、最深厚的基础是人民，法治建设要为了人民、依靠人民、造福人民、保护人民。完善中国特色社会主义法律体系，必须要求扩宽和丰富各方有序参与立法的途径和方式。首先，这是保障人民当家作主的必然要求。人民民主是社会主义的生命，人民当家作主是社会主义民主政治的本质和核心。社会各方有序参与立法，是人民在党的领导下通过各种途径和形式管理国家事务、管理经济文化事业、管理社会事务的重要方式，是人民当家作主的重要体现。其次，这是依法保障人民权益的必然要求。社会各方有序参与立法，使立法积极回应人民群众的新要求新期待，系统研究和解决法治领域人民群众反映强烈的突出问题，让人民群众在每一项法律制度中感受到公平正义。

拓宽和丰富社会各方有序参与立法的途径和方式：一是要加强立法协商，充分发挥政协委员、民主党派、工商联、无党派人士、人民团体、社会组织在立法协商中的作用；二是要完善立法听证制度，充分发扬立法民主；三是要健全立法草案公开征求意见机制，充分利用新媒体的优势，不断创新公民参与立法的途径和方式。2019 年，全国人大常委会法工委首次设立发言人机制，这有助于更好地向社会公众介绍立法工作情况，立法公开工作取得新进展。

第二节
坚持立改废释纂并举

立善法于天下，则天下治；立善法于一国，则一国治。“我们要在坚持好、完善好已经建立起来并经过实践检验有效的根本制度、基本制度、重要制度的前提下，聚焦法律制度的空白点和冲突点，统筹谋划和整体推进立改废释各项工作，加快建立健全国家治理急需、满足人民日益增长的美好生活需要必备的法律制度。”①

一、加强重点领域、新兴领域、涉外领域立法

中国特色社会主义法律体系已经基本建成，接下来的任务就是切实加强重点领域、新兴领域、涉外领域立法，不断完善以宪法为核心的中国特色社会主义法律体系，使之更加科学完备、统一权威。

一是要加强重点领域立法，及时反映党和国家事业发展要求、人民群众关切期待，对涉及全面深化改革、推动经济发展、完善社会治理、保障人民生活、维护国家安全的法律抓紧制定、及时修改。第一，要加快完善

① 习近平．论坚持全面依法治国［M］．北京：中央文献出版社，2020：275.

体现权利公平、机会公平、规则公平的法律制度，保障公民人身权、财产权、人格权和基本政治权利等各项权利不受侵犯，保障公民经济、文化、社会等各方面权利得到落实。第二，要积极推进国家安全、科技创新、公共卫生、生物安全、生态文明、防范风险、涉外法治等重要领域立法，健全国家治理急需的法律制度、满足人民日益增长的美好生活需要必备的法律制度，填补空白点、补强薄弱点。第三，新冠疫情起伏反复，病毒频繁变异，百年来最严重的传染病大流行仍在肆虐。在这场史无前例的抗疫斗争中，依法科学有序防控至关重要。要完善疫情防控相关立法，加强配套制度建设，完善处罚程序，强化公共安全保障，构建系统完备、科学规范、运行有效的疫情防控法律体系。要抓紧修订完善野生动物保护法律法规，健全执法管理体制及职责，坚决取缔和严厉打击非法野生动物市场和贸易，从源头上防控重大公共卫生风险。第四，要立足新发展阶段、贯彻新发展理念、构建新发展格局，加快完善深化供给侧结构性改革、促进创新驱动发展、防范化解金融风险等急需的法律法规。第五，要加强保障和改善民生、创新社会治理方面的法律制度建设。我国社会保障制度改革已进入系统集成、协同高效的阶段，要坚持制度的统一性和规范性，坚持国家顶层设计，增强制度的刚性约束。第六，要加强同民法典相关联、相配套的法律制度建设。在实施好民法典的过程中，要不断总结实践经验，修改完善相关法律法规和司法解释。第七，完善生态文明制度体系，用最严格制度最严密法治保护生态环境，加快制度创新，增加制度供给，完善制度配套，强化制度执行，严格用制度管权治吏、护蓝增绿。第八，加强区域协调发展法律制度建设。加强京津冀协同发展、长江经济带发展、粤港澳大湾区建设、长三角一体化发展、黄河流域生态保护和高质量发展、海南全面深化改革开放、高标准高质量建设雄安新区等国家重大发展战略的法治保障。

二是要加强新兴领域立法。数字经济、互联网金融、人工智能、大数据、云计算等新技术新应用快速发展，催生了一系列新业态新模式。党的十八大以来，我国新兴领域的基础性立法进入快车道。2016 年，第十二届全国人大常委会第二十四次会议通过了《网络安全法》，相关配套规定逐步完善。2021 年，《数据安全法》《个人信息保护法》先后制定。但相关法律制度的建设速度远远跟不上新技术新应用的发展速度，还存在时间差、空白区。网络犯罪已成为危害我国国家政治安全、网络安全、社会安全、经济安全等的重要风险之一。要及时跟进研究相关法律制度，加快推进人工智能、基因编辑、医疗诊断、自动驾驶、无人机、服务机器人等新兴领域的立法工作，抓紧补齐法律短板，以良法善治保障新业态新模式健康发展。

三是要加强涉外领域立法。加强涉外领域立法，是维护国际秩序、促进国际合作的必要手段，有助于促进对外开放、维护国家利益，将极大地助力于推进全面依法治国、构建人类命运共同体[①]。近年来，我国制定出台《出口管制法》、不可靠实体清单规定等，完善外商投资国家安全审查制度，加快我国法域外适用的法律体系建设。在新发展阶段，加强涉外领域立法，要重点做好以下工作：第一，要全面梳理和检视法治领域斗争的现状和趋势，针对短板弱项，制定对策措施。第二，要积极推进外国法不当域外适用阻断立法等涉外领域立法。要把应对西方国家滥用“长臂管

① 吴琼，王卫．加强涉外领域立法需补齐法律法规短板：访对外经济贸易大学涉外法治研究院院长梅夏英［N］．法治日报，2021－04－12（6）．

辖”同推进涉外领域立法以及我国法域外适用结合起来，按照急用先行原则，抓紧制定完善相关法律法规，有步骤、分阶段加快推进重要涉外领域立法。第三，要建立健全域外法律查明机制，加强对国际法的研究和运用。

二、稳妥推进法典编纂

法典化是立法的一种高级形式，是在特定历史阶段、一国法律制度发展到一定高度后形成的统一规范整体①。“法典编纂之举是立法史上一个世纪之大事业。国家千载之利害，生民亿兆之休戚，均依此而定。”②

民法典为其他领域立法法典化提供了很好的范例，标志着法典化时代的到来。党的十八大以来，我们顺应实践发展要求和人民群众期待，把编纂民法典摆上重要日程。党的十八届四中全会通过的《中共中央关于全面推进依法治国若干重大问题的决定》对编纂民法典作出部署，“这是一个重大的政治抉择，具有深远的历史意义和现实意义”③。习近平高度重视民法典编纂工作，先后主持三次中央政治局常委会会议，分别审议民法总则、民法典各分编、民法典三个草案。在各方面共同努力下，经过五年多工作，民法典终于颁布实施，实现了几代人的夙愿④。2020 年 5 月 28 日，十三届全国人大三次会议审议通过《民法典》，这是新中国成立以来第一部以“法典”命名的法律，是新时代我国社会主义法治建设的重大成果。

---

① 陈卫东．论刑事诉讼法的法典化［J］．中国法学，2021（3）：51.

② 穗积陈重．法典论［M］．李求铁，译．北京：商务印书馆，2014：1.

③ 王轶．编纂实施民法典是习近平法治思想的生动实践［J］．中国法学，2021（3）：47.

④ 新中国成立以来，我们曾经于 1954 年、1962 年、1979 年、2001 年先后四次启动制定和编纂民法典的相关工作，但由于条件所限没有完成。王轶．编纂实施民法典是习近平法治思想的生动实践［J］．中国法学，2021（3）：47.

民法典在中国特色社会主义法律体系中具有重要地位，是一部固根本、稳预期、利长远的基础性法律，对推进全面依法治国、加快建设社会主义法治国家，对发展社会主义市场经济、巩固社会主义基本经济制度，对坚持以人民为中心的发展思想、依法维护人民权益、推动我国人权事业发展，对推进国家治理体系和治理能力现代化，都具有重大意义。

在推进法典化的进程中，要注意把握以下三点：

第一，要注意总结民法典的编纂经验。“民法典系统整合了新中国成立 70 多年来长期实践形成的民事法律规范，汲取了中华民族 5 000 多年优秀法律文化，借鉴了人类法治文明建设有益成果，是一部体现我国社会主义性质、符合人民利益和愿望、顺应时代发展要求的民法典，是一部体现对生命健康、财产安全、交易便利、生活幸福、人格尊严等各方面权利平等保护的民法典，是一部具有鲜明中国特色、实践特色、时代特色的民法典。”①

第二，法典编纂工作不能搞“一窝蜂”，需要适时推动条件成熟的立法领域法典编纂工作。全国人大常委会公布的 2021 年度立法工作计划中，明确提出要“研究启动环境法典、教育法典、行政基本法典等条件成熟的行政立法领域的法典编纂工作”。对于条件不成熟的立法领域，不能跟风，盲目上马。要研究丰富立法形式，可以搞一些“大块头”，也要搞一些“小快灵”，增强立法的针对性、适用性、可操作性。

第三，要充分认识到法典的颁布实施，并不能一劳永逸解决相关领域法治建设的所有问题。法典颁布实施后，仍然有许多问题需要在实践中检

① 习近平．充分认识颁布实施民法典重大意义 依法更好保障人民合法权益［J］．求是，2020（12）：6．

验、探索，还需要不断配套、补充、细化。有关国家机关要适应改革开放和社会主义现代化建设要求，加强同法典相关联、相配套的法律法规制度建设，不断总结实践经验，修改完善相关法律法规和司法解释。对同法典的规定和原则不一致的国家有关规定，要抓紧清理，该修改的修改，该废止的废止。要发挥法律解释的作用，及时明确法律规定的含义和适用法律的依据，保持法典稳定性和适应性相统一。此外，“法与时转则治”，要坚持问题导向，适应技术发展进步新需要，在新的实践基础上推动法典不断完善和发展。

三、推动立法和改革相衔接相促进

改革和法治相辅相成、相伴而生。习近平指出：“我国历史上的历次变法，都是改革和法治紧密结合，变旧法、立新法，从战国时期商鞅变法、宋代王安石变法到明代张居正变法，莫不如此。”① 改革是发展的强大动力，法治是发展的可靠保障，要善于通过改革和发展推动贯彻落实新发展理念，让全面深化改革和全面依法治国如鸟之两翼、车之两轮，共同推动全面建设社会主义现代化国家的事业滚滚向前。

改革与法治的关系，集中体现为在法治下推进改革、在改革中完善法治。“在法治下推进改革，在改革中完善法治，这就是我们说的改革和法治是两个轮子的含义。”② 在立法过程中，要注意处理好改革与法治的关系，推动立法和改革相衔接相促进。

第一，要坚持改革决策和立法决策相统一、相衔接，做到重大改革于

①② 习近平．论坚持全面依法治国［M］．北京：中央文献出版社，2020：38.

法有据。一方面，立法要主动适应改革需要，积极发挥引导、推动、规范、保障改革的作用。对不适应改革要求的现行法律法规，要及时修改或废止，不能让一些过时的法律条款成为改革的“绊马索”。另一方面，在研究改革方案和改革措施时，要同步考虑改革涉及的立法问题，及时提出立法需求和立法建议。“在整个改革过程中，都要高度重视运用法治思维和法治方式，发挥法治的引领和推动作用，加强对相关立法工作的协调，确保在法治轨道上推进改革。”[①]

第二，要充分发挥法律凝聚改革共识、确认和巩固改革成果的作用。对实践证明已经比较成熟的改革经验和行之有效的改革举措，要尽快上升为法律。对部门间争议较大的重要立法事项，要加快推动和协调，不能久拖不决。相关部门意见不一致有认识问题，但更多是守着自己的“一亩三分地”、抱着部门利益不放。立法既要广泛发扬民主，又要敢于在矛盾焦点问题上“切一刀”，不能因个别意见不一致导致立法项目久拖不决。

第三，要充分运用授权立法方式，保证改革合法性的同时推进改革。对实践条件还不成熟、需要先行先试的，要按照法定程序作出授权，既不允许随意突破法律红线，也不允许简单以现行法律没有依据为由迟滞改革。2015 年修正的《立法法》第 13 条对改革的立法授权形式作了确认和规范：“全国人民代表大会及其常务委员会可以根据改革发展的需要，决定就行政管理等领域的特定事项授权在一定期限内在部分地方暂时调整或者暂时停止适用法律的部分规定。”

当前，我国改革进入了攻坚期和深水区，在改革和法治的关系上需要

① 习近平．论坚持全面依法治国［M］．北京：中央文献出版社，2020：35.

破解一些新难题，也亟须纠正一些认识上的误区。“一种观点认为，改革就是要冲破法律的禁区，现在法律的条条框框妨碍和迟滞了改革，改革要上路、法律要让路。另一种观点则认为，法律就是要保持稳定性、权威性、适当的滞后性，法律很难引领改革。这两种看法都是不全面的。”① 前者容易导致在实践中搞违法的改革，甚至借改革之名行违法乱纪之实；后者则忽略了立法对改革的引领、推动作用。

第三节

提高立法质量和效率

人民群众对立法的期盼，已经不是有没有，而是好不好、管用不管用、能不能解决实际问题；不是什么法都能治国，不是什么法都能治好国；越是强调法治，越是要提高立法质量。当前，我们在立法领域面临着一些突出问题，比如：立法质量需要进一步提高，有的法律法规全面反映客观规律和人民意愿不够，解决实际问题有效性不足，针对性、可操作性不强；立法效率需要进一步提高。立法工作中部门化倾向、争权诿责现象较为突出，有的立法实际上成了一种利益博弈，不是久拖不决，就是制定

① 习近平．论坚持全面依法治国［M］．北京：中央文献出版社，2020：38.

的法律法规不大管用。一些地方利用法规实行地方保护主义，对全国形成统一开放、竞争有序的市场秩序造成障碍，损害国家法治统一。建设法治中国，必须加强和改进立法工作，深入推进科学立法、民主立法、依法立法，不断提高立法质量和效率，以高质量立法保障高质量发展、推动全面深化改革、维护社会大局稳定。

一、深入推进科学立法

立法是为国家定规矩、为社会定方圆的神圣工作，需要讲求科学精神，全面认识和自觉运用规律。正如马克思所说，立法者应当“把自己看作一个自然科学家。他不是在**创造**法律，不是在发明法律，而仅仅是在表述法律，他用有意识的实在法把精神关系的内在规律表现出来”①。

科学立法的核心在于尊重和体现客观规律。要健全立法立项、起草、论证、协调、审议机制，提高立法的针对性、及时性、系统性、可操作性。健全立法规划计划编制制度，充分发挥立法规划计划的统筹引领作用。对立法涉及的重大利益调整事项加强论证咨询。完善立法技术规范，加强立法指引。完善法律草案表决程序，对重要条款可以单独表决。针对法律规定之间不一致、不协调、不适应问题，及时组织清理。对某一领域有多部法律的，条件成熟时进行法典编纂。加强立法的协同配套工作，实行法律草案与配套规定同步研究、同步起草，增强法律规范整体功效。加强立法评估论证工作。加强法律法规解释工作。建设全国统一的法律、法规、规章、行政规范性文件、司法解释和党内法规信息平台。地方立法要

① 马克思恩格斯全集：第1卷［M］. 2版. 北京：人民出版社，1995：347.

有特色，需要几条就定几条，能用三五条解决问题就不要搞“鸿篇巨制”，关键是吃透党中央精神，从地方实际出发，解决突出问题。

实践发展永无止境，立法工作也永无止境。转变经济发展方式，扩大社会主义民主，推进政治体制改革，保障和改善民生，加强和创新社会治理，保护生态环境，都会对立法提出新的要求，法律体系必须随着时代和实践发展而不断发展。要完善立法规划，突出立法重点，提高法律的针对性、及时性、系统性，使法律准确反映经济社会发展要求，更好协调利益关系，发挥立法的引领和推动作用，以良法促进发展、保障善治。

二、深入推进民主立法

民主立法，就是要求法律真正反映最广大人民的共同意愿、充分实现最广大人民的民主权利、切实维护最广大人民的根本利益。民主立法的核心在于为了人民、依靠人民。“这是由我国的国家性质决定的，我国是人民民主专政的社会主义国家，国家一切权力属于人民，人民通过各种途径参与立法活动，使法律真正体现人民的意志。”① 《立法法》第 5 条明确规定：“立法应当体现人民的意志，发扬社会主义民主，坚持立法公开，保障人民通过多种途径参与立法活动。”

首先，要恪守以民为本、立法为民理念，贯彻社会主义核心价值观，使每一项立法都符合宪法精神、反映人民意志、得到人民拥护。“全面依法治国最广泛、最深厚的基础是人民，必须坚持为了人民、依靠人民。要把体现人民利益、反映人民愿望、维护人民权益、增进人民福祉落实到全

---

① 任才峰．科学立法、民主立法、依法立法的理论与实践［J］．人大研究，2019（1）：19.

面依法治国各领域全过程，保证人民在党的领导下通过各种途径和形式管理国家事务、管理经济文化事业、管理社会事务，保证人民依法享有广泛的权利和自由、承担应尽的义务。”①

其次，要加强立法公开。立法公开是2015年《立法法》修正新增加的重要制度之一，使民主立法原则更加充实。必须将立法公开贯彻到立法全过程各方面，立项、起草、审议、通过前评估、通过后评估、法规清理、备案审查等各个环节除关涉国家秘密等不宜公开的事项外，都应最大限度地向社会公开。

最后，要完善民主立法机制，创新公众参与立法方式，广泛听取各方面意见和建议。健全立法征求意见机制，扩大公众参与的覆盖面和代表性，增强立法透明度。对与企业生产经营密切相关的立法项目，充分听取有关企业和行业协会商会意见。健全立法征求公众意见采纳反馈机制，对相对集中的意见未予采纳的，应当进行说明。

三、深入推进依法立法

党的十九大报告明确提出：“推进科学立法、民主立法、依法立法，以良法促进发展、保障善治。”依法立法首次与科学立法、民主立法相并列，成为立法的重要指导方针。依法立法有助于树立宪法、法律的权威，有助于提高立法质量，有助于保障依法执政、依法行政、公正司法，有助于保障改革开放，是完善中国特色社会主义法律体系的应有之义和基础性

---

① 习近平．坚定不移走中国特色社会主义法治道路 为全面建设社会主义现代化国家提供有力法治保障［J］．求是，2021（5）：6-7.

保障[①]。

依法立法的核心在于以宪法为根据，依照法定的权限和程序制定和修改法律法规，维护社会主义法制的统一、尊严和权威，从国家利益出发，从人民长远、根本利益出发，防止只从地方、部门利益出发，搞地方、部门保护主义。

首先，立法要遵循宪法的基本原则。宪法是国家的根本法，是治国安邦的总章程，具有最高的法律地位、法律权威、法律效力，具有根本性、全局性、稳定性、长期性。全国各族人民、一切国家机关和武装力量、各政党和各社会团体、各企业事业组织，都必须以宪法为根本的活动准则，并且负有维护宪法尊严、保证宪法实施的职责。任何组织或者个人，都不得有超越宪法和法律的特权。一切违反宪法和法律的行为，都必须予以追究。

其次，立法要遵循法定的权限和程序。《立法法》对各立法主体的立法权限和程序都作了明确规定。各立法主体必须依照法定的程序，把握好各层次立法的权限和职能定位，把握好法律保留事项和授权立法，处理好宪法、法律、行政法规、地方性法规、部门规章和地方规章之间的关系，处理好国家法律与党内法规的关系，处理好创制性立法与授权立法的关系，维护社会主义法制的统一、尊严和权威。

最后，立法要从国家整体利益出发，敢于在矛盾焦点上“砍一刀”。“各有关方面都要从党和国家工作大局出发看待立法工作，不要囿于自己那些所谓利益，更不要因此对立法工作形成干扰。要想明白，国家和人民

---

① 陈俊．依法立法的理念与制度设计［J］．政治与法律，2018（12）：88－90.

整体利益再小也是大，部门、行业等局部利益再大也是小。彭真同志说立法就是在矛盾的焦点上‘砍一刀’，实际上就是要统筹协调利益关系。如果有关方面都在相关立法中掣肘，都抱着自己那些所谓利益不放，或者都想避重就轻、拈易怕难，不仅实践需要的法律不能及时制定和修改，就是弄出来了，也可能不那么科学适用，还可能造成相互推诿扯皮甚至‘依法打架’。这个问题要引起我们高度重视。”①

① 习近平．论坚持全面依法治国［M］．北京：中央文献出版社，2020：20.

第四章

加快推进法治政府建设

法治政府建设是法治中国建设的重中之重、难中之难，对推进国家治理体系和治理能力现代化具有重要支撑作用。习近平在 2020 年中央全面依法治国工作会议上指出："全面依法治国是一个系统工程，要整体谋划，更加注重系统性、整体性、协同性。法治政府建设是重点任务和主体工程，要率先突破，用法治给行政权力定规矩、划界限，规范行政决策程序，加快转变政府职能。"[①]《法治中国建设规划（2020—2025 年）》对法治政府建设作了全面部署，要求从依法全面履行政府职能、严格落实重大行政决策程序制度、深化行政执法体制改革和坚持严格规范公正文明执法等方面统筹推进。《法治政府建设实施纲要（2021—2025 年）》明确要求新时代法治政府建设再上新台阶，到 2025 年要实现"政府行为全面纳入法治轨道，职责明确、依法行政的政府治理体系日益健全，行政执法体制机制基本完善，行政执法质量和效能大幅提升，突发事件应对能力显著增强"的总体目标。

第一节

依法全面履行政府职能

依法全面履行政府职能是法治政府建设的首要任务。习近平多次强

---

① 习近平．论坚持全面依法治国［M］．北京：中央文献出版社，2020：4.

调，“各级政府一定要严格依法行政，切实履行职责，该管的事一定要管好、管到位，该放的权一定要放足、放到位，坚决克服政府职能错位、越位、缺位现象”[①]。据此，依法全面履行政府职能包括以下三个层面的内涵：一是依法履职，各级政府和政府部门严格依照法定权限、规则、程序等履行政府职能，不得法外设定权力，做到法无授权不可为；二是全面履职，政府必须忠实、全面地履行法律规定的宏观调控、市场监管、社会管理、公共服务、环境保护等方面各项职责，做到法定职责必须为；三是转变政府职能，牢固树立创新、协调、绿色、开放、共享的发展理念，坚持政企分开、政资分开、政事分开、政社分开，理顺政府与市场、政府与社会的关系，着力构建法治化营商环境，创新社会治理，优化公共服务，打造服务型政府。

一、深入推进简政放权

法治政府建设的关键之一是处理好政府、市场与社会的关系，厘清政府、市场与社会的边界，优化政府的经济监管职责[②]。深入推进简政放权是从源头上规范政府职能和行为的重要举措，不仅有利于解放和发展生产力，激发市场主体活力和社会创新活力，而且能够节约行政资源，进一步释放改革红利惠及民生，同时还能够有效铲除滋生腐败的土壤，推动建设清明、廉洁政府。

“深化简政放权”要继续推进行政审批制度改革。首先，全面清理行政审批事项，取消全部非行政许可审批事项，最大限度减少对生产经营活

---

① 习近平谈治国理政：第 1 卷［M］. 2 版 . 北京：外文出版社，2018：118.

② 马怀德 . 论习近平法治思想中的法治政府理论［J］. 政法论坛，2020（6）：17.

动的许可，最大限度缩小投资项目审批、核准的范围，最大幅度减少对各类机构及其活动的认定。其次，取消不符合行政许可法规定的资质资格准入许可，研究建立国家职业资格目录清单管理制度。再次，对于直接面向基层、量大面广、由地方实施更方便有效的行政审批事项，一律下放地方和基层管理。又次，严格控制新设行政许可，对于新设行政许可，要加强合法性、必要性、合理性审查论证，避免不当增加企业和公民负担。最后，对确有必要保留的行政审批事项，进行目录化、编码化管理，全面推行一个窗口办理、并联办理、限时办理、规范办理、透明办理、网上办理，提高行政效能，激发社会活力。

“深化简政放权”要有效发挥市场和政府的作用。简政放权就是“管住政府的手，放开市场的手”，使市场主体发挥更大作用。但与此同时，简政放权不是自由落地、放任不管，“使市场在资源配置中起决定性作用，不是说政府就无所作为，而是必须有所为、有所不为……发挥党和政府积极作用，管好那些市场管不了或管不好的事情”①。换言之，简政放权是将“使市场在资源配置中起决定性作用”和“更好发挥政府作用”相结合，形成市场作用和政府作用有机统一、相互补充、相互协调、相互促进的格局，推动经济社会持续健康发展。

“深化简政放权”要为优化营商环境提供制度保障。“法治是最好的营商环境。”② 深化简政放权要求政府在充分尊重市场经济规律的基础上，用法治规范市场行为，在法治框架内调整各类市场主体的利益关系。特别是在行政许可、市场监管等方面规范各级政府行为，清理废除妨碍公平竞

① 习近平谈治国理政：第3卷［M］. 北京：外文出版社，2020：172.

② 习近平. 论坚持全面依法治国［M］. 北京：中央文献出版社，2020：254.

争、扭曲市场的不合理规定、补贴和做法，公平对待所有企业和经营者，营造市场化、法治化、便利化的营商环境，让各类市场主体有更多活力和更大空间去发展经济、创造财富，实现资源配置效益最大化和效率最优化。

二、大力推行清单制度

作为依法行政原则的制度载体，清单制度是法治政府建设的重要内容。清单制度要求政府及其职能部门将其行政权力、依据、权限、责任、行使流程等事项加以全面梳理，并公之于众。清单制度的建立，一方面给依法行政立规矩、定边界、划红线，以列清单的方式明确政府及其职能部门拥有哪些权力、有何依据、该如何行使。另一方面，公布清单使得行政权力在阳光下运行，有利于全社会监督政府部门依法行政，防止行政不作为、乱作为。

与法治政府建设联系最为密切的三个清单是：权力清单、责任清单和负面清单。权力清单包括政府职能、法律依据、实施主体、职责权限、管理流程、监督方式等事项，即“法无授权不可为”；责任清单主要包括与行政权力相对应的责任事项、责任主体、责任方式，即“法定职责必须为”；负面清单是指，实行统一的市场准入制度后，清单之外的行业、领域和业务等，各类市场主体皆可依法平等进入，即行政相对人“法无禁止皆可为”。除上述三个清单外，还需要建立行政事业性收费、政府性基金、行政许可事项、备案管理事项等清单制度，清理不合法、不合规、不合理的收费基金项目，对于合法必要的行政许可、收费项目等要及时编制清单并予以公布，方便企业和公民。

总之，法治政府建设要求各级政府依法全面履行政府职能，坚持依法行政，恪守法无授权不可为、法定职责必须为、法定职权依法为，把政府活动全面纳入法治轨道，实现有限政府和有为政府的有机统一。在具体举措上，要以大力取消和下放行政审批事项为突破口，深入推进简政放权、放管结合、优化服务；以推行“三个清单”制度为重要抓手，实现权力“瘦身”、职能“健身”，有效激发大众创业、万众创新活力，增强经济内生动力。

第二节
完善重大行政决策程序制度

决策是权力运行的起点，也是权力约束的重点和难点。行政决策，特别是重大行政决策，往往涉及重大公共利益或者社会公众切身利益，事关经济社会发展大局，因此，完善重大行政决策程序制度是法治政府建设的重要内容。十八届四中全会通过的《中共中央关于全面推进依法治国若干重大问题的决定》要求“健全依法决策机制。把公众参与、专家论证、风险评估、合法性审查、集体讨论决定确定为重大行政决策法定程序”。《法治政府建设实施纲要（2015—2020 年）》对完善重大行政决策程序提出六项具体要求[①]。2019 年 4 月国务院出台的《重大行政决策程序暂行条例》

① 六项具体要求包括：健全依法决策机制，增强公众参与实效，提高专家论证和风险评估质量，加强合法性审查，坚持集体讨论决定，严格决策责任追究。

对重大行政决策的各环节进行了细化，旨在健全科学、民主、依法决策机制，确保重大行政决策尽可能吸纳各方面合理意见、兼顾各方面利益诉求，防止违法决策、不当决策、拖延决策以及由此引发的安全稳定风险。

一、充分发挥法律顾问、公职律师作用

政府法律顾问制度是建设法治政府的保障性制度，也是确保重大行政决策民主科学、合法合理的重要举措。早在 2016 年 6 月，中共中央办公厅、国务院办公厅就联合印发了《关于推行法律顾问制度和公职律师公司律师制度的意见》，要求在党政机关推行法律顾问制度和公职律师制度，而政府法律顾问的重要职责之一就是为重大决策、重大行政行为提供法律意见。

政府法律顾问主要由政府法制机构人员、法学专家和律师构成，他们通常都是某些法律领域的专家，不仅具备相应的法律知识，也具备某些领域的背景知识，因此可为政府决策贡献专业知识，增强决策的科学性。政府法律顾问，特别是律师常年接触社会实践，对社情民意较为了解，其可将社情民意带入政府决策过程中，从而增强决策的民主性。同时，政府法律顾问作为行政权之外的第三方，可以实现对政府决策的监督，督促决策的合法性。此外，在重大突发事件，特别是牵涉社会稳定的群体性事件中，政府法律顾问还能够作为政府与社会公众间衔接的桥梁，缓冲二者之间的冲突，从而有效化解社会风险①。可见，政府法律顾问制度是健全科学、民主、依法决策机制，提升决策质量的关键一环。

---

① 高通．政府法律顾问应是“法治守护者”［N］．民主与法制时报，2018－01－25（6）．

“律师队伍是依法治国的一支重要力量。”① 相对于政府法制机构人员和法学专家，律师作为一支独立的外部法律工作队伍，自身也具备显著特点：一是具有实践经验，对于诉讼程序、证据标准较为熟悉；二是在执业活动中享有《律师法》等规定的会见、阅卷、调查取证和发问、质证、辩论等方面的律师执业权利；三是通常具有复合性专业知识，在公司法、劳动法、行政许可法、行政处罚法、诉讼法等多个法律领域有专业积累。因此，在推进法治政府建设、完善重大行政决策程序中，需要吸收公职律师参与，充分发挥其作用。

二、建立健全重大行政决策跟踪反馈和评估制度

行政决策跟踪反馈和评估是指在决策的实施阶段，对决策的执行情况和实施效果进行跟踪调查、报告反馈、综合评价和全面监督，主要检验决策是否按期贯彻落实，实施效果是否符合预期，以及实施决策引发的社会反响、负面效应及其严重程度等，并由此决定决策的延续、调整或终结。重大行政决策跟踪反馈和评估制度着眼于决策的实施阶段，是提升决策科学性、民主性、可行性，确保决策实施效果的重要制度。

重大行政决策跟踪反馈和评估应当遵循独立、客观、公正、科学的原则，可以委托专业机构、社会组织等第三方进行，并注重听取社会公众的意见，吸收人大代表、政协委员、人民团体、基层组织、社会组织参与评估。评估的主要内容包括：决策的实施结果与制定目的是否符合，决策的可行性和可操作性，实施决策的成本、效益、负面效应及远期影响，决策

---

① 习近平．论坚持全面依法治国［M］．北京：中央文献出版社，2020：116.

对象和人民群众的接受程度，等等。

重大行政决策跟踪反馈和评估要平衡好决策执行和决策调整的关系。依法作出的重大行政决策，决策执行单位应当依法全面、及时、正确执行，并向决策机关报告决策执行情况，而不得随意变更或者停止执行，以确保行政决策的有效性和稳定性。对于明显未达到预期效果，以及公民、法人或者其他组织提出较多意见的决策，经评估后确需调整的，应当严格履行相关法定程序。

重大行政决策跟踪反馈和评估还需要记录和归档制度相配套。具体言之，决策机关应当建立重大行政决策过程记录和材料归档制度，将决策程序形成的记录、材料及时完整归档。记录和归档制度一方面便于事后对照，准确评估决策的实施效果，另一方面也有利于责任的划分、认定和追究，对违反规定造成决策严重失误，或者依法应当及时作出决策而久拖不决，造成重大损失、恶劣影响的，严格追究相关人员责任。

三、全面推行行政规范性文件合法性审核机制

制定行政规范性文件是行政机关依法履行职能的重要方式，对行政规范性文件进行合法性审核是确保相关文件合法有效的重要措施，有利于从源头上促进依法行政。十八届四中全会通过的《中共中央关于全面推进依法治国若干重大问题的决定》提出，要完善行政规范性文件合法性审核机制，全面落实行政规范性文件合法性审核制度。2018 年 12 月，国务院办公厅印发《关于全面推行行政规范性文件合法性审核机制的指导意见》，从审核范围、审核程序、审核标准等方面较为系统地建立了行政规范性文件合法性审核机制。

关于审核范围，对由行政机关制定并公开发布，涉及公民、法人和其他组织权利和义务，具有普遍约束力，在一定期限内反复适用的规范性文件，要将其全部纳入合法性审核范围，做到应审尽审。

关于审核程序，主要包括规范性文件的起草、报送、审核、处理等环节。行政规范性文件起草单位报送的审核材料，应当包括文件送审稿及其说明，制定文件所依据的法律、法规、规章和国家政策规定，本单位的合法性审核意见等。审核机构进行合法性审核后，应当根据不同情形分别提出合法、不合法、建议修改的书面审核意见。未经合法性审核或者经审核不合法的文件，不得提交集体审议。

关于审核标准，行政规范性文件的制定主体和制定程序应当严格遵守法律规定；行政规范性文件的内容应当符合宪法、法律、法规、规章和国家政策规定；不得违法设立行政许可、行政处罚、行政强制、行政征收、行政收费等事项；不得在没有法律、法规依据的情况下，作出减损公民、法人和其他组织合法权益或者增加其义务的规定；不得在没有法律、法规依据的情况下，作出增加本单位权力或者减少本单位法定职责的规定。

除对新制定的行政规范性文件进行合法性审核外，还需要规范和清理已有的规范性文件。一是把已有的规范性文件纳入备案审查范围，健全公民、法人和其他组织对规范性文件的建议审查制度，加大备案审查力度，做到有件必备、有错必纠。二是建立行政法规、规章和规范性文件清理长效机制。根据全面深化改革、经济社会发展需要，以及上位法制定、修改、废止情况，及时清理有关行政法规、规章、规范性文件，并向社会公布。

第三节

深化行政执法体制改革

在中国特色社会主义法律体系形成后，法律实施就成为法治中国建设的重点。习近平指出：“法律的生命力在于实施，法律的权威也在于实施……如果有了法律而不实施、束之高阁，或者实施不力、做表面文章，那制定再多法律也无济于事。全面推进依法治国的重点应该是保证法律严格实施，做到‘法立，有犯而必施；令出，唯行而不返’。”[①] 党的十八届三中、四中全会提出“深化行政执法体制改革”的重大任务，《法治中国建设规划（2020—2025 年）》对此进行了部署，旨在构建权责清晰、运转流畅、保障有力、廉洁高效的行政执法体制机制，从而确保法律的有效实施。

一、最大限度减少不必要的行政执法事项

最大限度减少不必要的行政执法事项是行政执法体制改革的先手棋。这一改革思路是对当前执法实践中存在的执法滥权、执法腐败、执法扰民

① 习近平．论坚持全面依法治国［M］．北京：中央文献出版社，2020：96－97.

等问题的源头治理之策，体现了政府权力谦抑审慎、最后干预的现代法理，是法治思维在执法体制改革中的典范运用①。

落实这一改革举措，应当从立法环节开始。一是通过法律法规严格限定行政执法事项的范围，明确取消不合理、不必要的执法事项，尽可能不留弹性操作空间；二是结合简政放权和“放管服”改革，取消不必要的行政审批事项，清除不合理的行政处罚事项，为政府减压，为社会松绑。在执法环节，应严格遵循法无授权不可为的原则，做到依照法定职权和程序行使执法权，防止随意扩权、任性滥权②。同时，要做到规范公正文明执法，避免采取过激过当的行政强制措施。

减少不必要的行政执法事项，需要完善社会治理体系。“社会治理”是党的十八大以来党中央提出的概念，主张政府、市场、社会多元主体的共同治理，形成权责统一、风险共担、成果共享的命运共同体。为此，最重要的是充分发挥好单位的力量和公众的能量。实现公域之事由公众解决，打造人人有责、人人尽责的社会治理共同体③。减少不必要的行政执法事项，就是把社会自我治理机制前置为社会治理的第一道防线，最大限度地将社会问题交由社会自身解决，这为社会主体参与社会治理提供了契机，有利于释放社会的自主性空间，解放和增强社会活力。减少行政执法事项后，“政在社前”向“社在政前”转变，原先执法领域随之会出现真空地带，因而社会需要充分发挥主体性作用，特别是行业协会、企事业单位、社会组织、基层单位、公众等主体要强化自我管理、自我服务、自我

---

① 韩春晖．最大限度减少不必要的行政执法事项［N］．学习时报，2019－12－11（2）．

② 黄文艺．习近平法治思想中的未来法治建设［J］．东方法学，2021（1）：28．

③ 黄文艺．新时代政法改革论纲［J］．中国法学，2019（4）：20．

监督的职能，积极参与社会事务、维护公共利益，打造共建共治共享的社会治理新格局。

二、探索实行跨领域跨部门综合执法

推进跨领域跨部门综合执法是行政执法体制改革的重要内容，一方面有利于克服不同政府部门职责交叉、权责脱节、推诿扯皮的弊端，形成运转高效、规范有序的执法体制，提升执法效能；另一方面能够有效减少多头执法、重复执法、选择性执法引发的扰民及执法不公的问题。十九届三中全会通过的《深化党和国家机构改革方案》明确，要“根据不同层级政府的事权和职能，按照减少层次、整合队伍、提高效率的原则，大幅减少执法队伍种类，合理配置执法力量。一个部门设有多支执法队伍的，原则上整合为一支队伍。推动整合同一领域或相近领域执法队伍，实行综合设置”①。

首先，跨领域跨部门综合执法要对执法领域进行“归类”，重点在发生频率高、与人民群众生产生活关系密切、多头重复交叉执法问题突出、专业技术要求相近的食品药品安全、公共卫生、安全生产、市场监管、城乡建设、农林水利、海洋渔业、交通运输、生态环保、文化旅游等领域推行综合执法。

其次，跨领域跨部门综合执法要优化执法力量配置。在横向上，整合同级执法队伍，大幅减少执法队伍种类，一般性事项的执法权可由综合行政执法队伍行使。在纵向上，一是根据不同层级政府的事权和职能，合理配置执法力量，减少行政执法层级；二是推进执法重心向市县政府下移，

① 本书编写组.《中共中央关于深化党和国家机构改革的决定》《深化党和国家机构改革方案》辅导读本［M］. 北京：人民出版社，2018：65－66.

充实基层执法力量，提高基层执法能力。

最后，跨领域跨部门综合执法要创新执法机制。提升执法效率、实现便民执法是该项改革的重要目的，因此，有必要探索、创新、完善综合执法体制。例如，推行行政执法“综合查一次”，对企业的日常经营生产活动进行“一次性检查”，为企业减负。又如，树立“执法就是服务”的执法思想，在行政执法过程中，对于企业、群众的现实困难和合理诉求要耐心听取、认真记录，事后要做好跟踪分析、信息转达和协调服务等工作，发挥执法在解民忧、护民利、聚民心上的独特功能。再如，在机构设置和权力运行机制上，将行政管理与行政执法相对分离，前者由专职内设机构负责，后者由执法部门统一行使，通过权力的合理分解、科学配置、相互制约促使行政执法更加公开透明。

三、健全行政执法和刑事司法衔接机制

随着执法体制改革的深入和执法规范化建设的推进，违法执法、野蛮执法、粗暴执法的现象有所减少，但执法宽松软、和稀泥等问题日益引发公众的关注和忧虑。习近平指出：“在环境保护、食品安全、劳动保障等领域，行政执法和刑事司法存在某些脱节，一些涉嫌犯罪的案件止步于行政执法环节，法律威慑力不够，健康的经济秩序难以真正建立起来。这里面反映的就是执法不严问题，需要通过加强执法监察、加强行政执法与刑事司法衔接来解决。”[①]

我国实行行政违法和刑事违法二元制裁体系，前者由行政机关给予行

① 习近平．论坚持全面依法治国［M］．北京：中央文献出版社，2020：52.

政处罚，后者由司法机关给予刑事处罚。在这种二元体制下，行刑相对独立，在一些行政执法领域形成有案不移、有案难移、以罚代刑的现象，极大地损害了法律的权威、法制的统一与政府的公信力。行刑衔接机制就是针对此类问题而提出的，旨在弥合行政权与司法权之间的罅隙，使不同类型的权力在一个框架内得以有效衔接、顺畅运行，从而形成强大合力共同惩治违法犯罪行为。在行刑衔接机制中，行政执法机关居于前端，因此完善该机制的重点也在于行政执法机关。

健全行刑衔接机制，首要的是明确行政执法机关的移送义务。行政执法机关在依法查处违法行为过程中，发现违法事实涉及的金额、违法事实的情节、违法事实造成的后果等，符合刑法、司法解释及刑事案件立案追诉标准等规定，涉嫌构成犯罪，依法需要追究刑事责任的，必须向公安机关移送，而不得以行政处罚代替移送。对于应当移送而不移送，以行政处罚代替移送，或者隐匿、私分、销毁涉案物品的，严格追究相关人员责任。

健全行刑衔接机制，需要完善移送程序制度。一是完善行政执法机关内部程序，对应当向公安机关移送的涉嫌犯罪案件，应当由专人或专案组负责，根据相应的权限履行报批程序，并将最终决定和理由记录在案。二是同公安机关分工负责、相互配合、相互制约，行政执法机关向公安机关移送涉嫌犯罪案件应当做到事实清楚、证据确凿、程序合法、材料齐全、手续完备，公安机关收到移送的案件后，应当及时审查，并将结果书面通知移送案件的行政执法机关。三是明晰移送标准，增强可操作性。系统梳理知识产权、产品质量、食品案件、环境污染等行政执法领域涉及犯罪的罪名、立案条件和证据标准，有针对性地制定操作指南，以有效指导行政执法人员。

健全行刑衔接机制，还应推进“两法衔接”信息平台建设，行政执法机关与刑事司法机关建立起全面性、经常性、实时性的“网络信息共享平台”，通过科技手段解决信息渠道不畅的问题。这一方面有利于督促行政执法机关严格执法，提高行政执法的透明度，另一方面也有利于监察机关、公安机关、检察机关及时发现和纠正行政执法机关不及时移送涉嫌犯罪案件的情况，防止以罚代刑。

第四节
推进严格规范公正文明执法

行政执法是法治政府建设的关键环节，是行政机关依法行政水平最直观的展示窗口。习近平指出：“能不能做到严格规范公正文明执法，事关人民群众切身利益，事关党和政府法治形象。”[①] 当前，行政执法不规范、不严格、不透明、不文明、不作为、乱作为现象并不鲜见，随意执法、粗放执法、变通执法、越权执法问题比较突出，这都严重损害了党和政府的形象，是法治政府建设必须克服的重点问题。党的十八大以来，党中央高度重视行政执法工作，反复强调严格规范公正文明执法。“严格执法”要求执法者铁面无私，不放纵违法行为，不法外施恩，不网开一面。“规范

① 习近平．论坚持全面依法治国［M］．北京：中央文献出版社，2020：259.

执法”要求执法者严格依法定权限、法定规则、法定程序执法。“公正执法”要求执法者公允、平等地对待行政相对人。“文明执法”要求执法者在执法过程中语言、举止文明，以理服人、以法服人[①]。

一、全面推行行政执法“三项制度”

“三项制度”是推进严格规范公正文明执法的基础性、整体性、突破性的三项制度的统称，即行政执法公示制度、执法全过程记录制度、重大执法决定法制审核制度。

所谓行政执法公示制度，是指行政机关采取一定的方式依法及时主动将行政执法的依据、程序、流程、结果和法律文书等向行政执法对象和社会公众公开，接受社会监督。该制度是推进执法阳光化、公开化、透明化，保障行政相对人和社会公众知情权、参与权、表达权、监督权的重要举措。具体要求是：行政机关于事前全面公开行政执法主体、人员、职责、权限、依据、程序、救济渠道等。行政执法人员在执法时佩戴执法证件、公示执法身份，出具行政执法文书，并主动告知当事人执法事由、执法依据、权利义务等内容。行政执法机关在执法决定作出后，公布执法机关、执法对象、执法类别、执法过程、执法结论等信息。

所谓执法全过程记录制度，是指行政执法机关通过文字、音像等记录形式，对行政执法的启动、调查取证、审核决定、送达执行等全部过程进行记录，并系统归档保存，做到执法全过程留痕和可回溯管理。落实该制度对于规范执法行为、减少执法争议、有效固定证据具有重要作用。行政

① 姜明安．论新时代中国特色法治政府建设［J］．北京大学学报（哲学社会科学版），2018（1）：10.

执法机关要遵循合法规范、客观全面、及时准确的原则记录执法全过程。文字记录应当采用统一的行政执法文书格式文本。对查封扣押财产、强制拆除等直接涉及人身自由、生命健康、重大财产权益的现场执法活动和执法办案场所，要推行全程音像记录。对于行政执法记录，要严格规范地进行归档，并发挥相应记录在执法监督、行政决策、改进执法工作等方面的积极作用。对于记录执法活动的视频，在保障当事人隐私的前提下，应当依法向公众公开，让执法正义成为看得见的正义，经得起视频晾晒、公众围观。

所谓重大执法决定法制审核制度，是指行政执法机关作出重大执法决定前，要严格进行法制审核，未经法制审核或者审核未通过的，不得作出决定。该制度重在合法性审核，要义在于通过内部职能分离与互相监督的方式，确保行政执法行为合法。关于审核主体，要由专业的人员、专门的机构负责法制审核工作，充分发挥法律顾问、公职律师的作用。关于审核范围，凡涉及重大公共利益，可能造成重大社会影响或引发社会风险，直接关系行政相对人或第三人重大权益，以及案件情况疑难复杂、涉及多个法律关系的，都要进行法制审核。关于审核内容，主要审核行政执法主体是否合法，行政执法人员是否具备执法资格；行政执法程序是否合法；案件事实是否清楚，证据是否合法充分；适用法律、法规、规章是否准确，裁量基准运用是否适当；执法是否超越执法机关法定权限；行政执法文书是否完备、规范；违法行为是否涉嫌犯罪、需要移送司法机关；等等。

二、加大重点领域执法力度

随着我国社会主要矛盾发生历史性变化，民众从实现基本物质文化需要向全方位追求生活舒适、社会保障、环境优美等美好生活需要转变，这对党和政府提出了新的要求，也为行政执法工作划定了重点。习近平在2019年中央政法工作会议上强调："要贯彻好党的群众路线，坚持社会治理为了人民……要加大关系群众切身利益的重点领域执法司法力度，让天更蓝、水更清、空气更清新、食品更安全、交通更顺畅、社会更加和谐有序。"[①] 因此，加大相关领域的执法力度，让百姓生活更加安全、更加舒心、更加幸福、更有尊严既是法治政府建设的重要目标，也是"以人民为中心"的价值立场在法治政府建设领域的具体展开。

"重点领域"是指关系广大群众切身利益的领域，包括食品药品、公共卫生、生态环境、安全生产、劳动保障、野生动物保护、城市管理、交通运输、金融服务、教育培训等。加大重点领域的执法，能够显著增强人民群众的获得感、幸福感、安全感，对发挥执法功效能够起到事半功倍的作用。因此，行政机关要瞄准重点领域，完善执法机制、整合执法力量、强化执法队伍、压实执法责任，从严惩处违法者，持续保持高压态势，坚决遏制重点领域的违法行为。同时要加强重点领域日常监管的执法巡查，从源头上预防和化解违法风险。

当然，"重点领域"不是一成不变的，随着时代发展和社会进步，诸如知识产权、电商物流、文化旅游、个人信息、网络安全等领域也已受到或将受到越来越多的关切。这就要求行政执法机关与时俱进，不断提升执法能力和水平，以适应新兴领域的执法要求。

三、改进和创新执法方式

进入新时代，人民群众对社会公平正义有了更高的期待，对执法有了

---

① 习近平．论坚持全面依法治国［M］．北京：中央文献出版社，2020：247.

更高的要求。他们不仅期盼结果公正，也追求程序公正。他们不仅看重个案公正，更看重类案公正。他们不希望冷冰冰的公正，更向往有温度的公正。这就要求执法人员深刻洞悉老百姓对公平正义的朴素认知，善于讲清法理、讲明事理、讲透情理，让当事人心悦诚服①。换言之，新时代行政执法的要求，已不仅是严格执法、公正执法，还要追求执法文明化、柔性化、人性化，展现出执法的温度和风度，让行政执法暖人心、聚民心。

第一，推广运用说服教育、劝导示范等柔性执法手段。对违法者要明之以法、晓之以理、动之以情，把释法说理贯穿于执法全过程，让每一次执法都成为教科书式的执法，努力让违法者和群众心服口服。

第二，加强行政指导、行政奖励、行政和解等非强制行政手段的运用。行政执法要遵循谦抑原则，如果采用非强制性的行政指导、行政奖励、行政和解等手段能够实现行政目的，那么具有强制性的行政强制、行政处罚等行为就无须启动。2021 年新修订的《行政处罚法》第 33 条确立的“首违可不罚”制度同样体现了非强制手段优先的理念。此外，对新技术、新产业、新业态、新模式，要实行包容审慎监管，探索在行业监管上实施不予处罚、减轻处罚和从轻处罚事项“三个清单”制度，在严守安全底线的前提下为创业者提供成长空间，为新兴行业发展营造良好环境。

第三，建立行政执法案例指导制度。行政执法案例指导制度具有规范执法自由裁量权、统一执法标准、弥补法律漏洞、指导执法实践的作用。应当进一步明确行政执法案例的发布主体、遴选标准、效力定位，以有效发挥该制度的功能。

---

① 黄文艺．新时代政法改革论纲［J］．中国法学，2019（4）：13.

需要注意的是，“严格文明公正执法是一个整体，要全面贯彻，文明执法、公正执法要强调，严格执法也要强调，不能畸轻畸重。如果不严格执法，执法司法公信力也难以建立起来。现实生活中出现的很多问题，往往同执法失之于宽、失之于松有很大关系。涉及群众的问题，要准确把握社会心态和群众情绪，充分考虑执法对象的切身感受，规范执法言行，推行人性化执法、柔性执法、阳光执法，不要搞粗暴执法、‘委托暴力’那一套。但是，不论怎么做，对违法行为一定要严格尺度、依法处理”①。坚持严格规范公正文明执法的统一性，“要树立正确法治理念，把打击犯罪同保障人权、追求效率同实现公正、执法目的同执法形式有机统一起来，坚持以法为据、以理服人、以情感人，努力实现最佳的法律效果、政治效果、社会效果”②。

第五节

加强法治政府建设监督和评估

党中央已确立了法治政府建设的总蓝图、路线图、施工图和时间表，并提出一系列推进法治政府建设的具体举措。要确保这些举措能落地见

① 习近平．论坚持全面依法治国［M]．北京：中央文献出版社，2020：51－52.
② 习近平．论坚持全面依法治国［M]．北京：中央文献出版社，2020：260.

效、法治政府建设顺利推进，还需要加强对法治政府建设的监督和评估。

一、建立法治政府建设督察制度

对法治政府建设的监督包括两个方面的内容：第一，对各级政府是否依法行政进行监督，主要通过党内监督、人大监督、司法监督、群众监督、舆论监督等方式进行。第二，对各地各部门，特别是各级政府贯彻落实推进法治政府建设各项举措的情况进行监督，主要通过法治政府建设督察制度进行。后一方面内容直接关系到法治政府建设的推进，在此仅就此进行阐述。

2019 年 4 月，中共中央办公厅、国务院办公厅公布《法治政府建设与责任落实督察工作规定》，要求充分发挥督察工作对法治政府建设与责任落实的督促推动作用，构建守责尽责、失责追责的法治政府建设与责任落实工作机制，保证党中央、国务院关于法治政府建设的决策部署落到实处，不断把法治政府建设向纵深推进。

一是针对党政机关职责特点，科学界定督察内容。对地方各级党委，主要督察履行推进本地区法治建设的领导职责，特别提出将法治政府建设纳入本地区经济社会发展总体规划和年度工作计划，与经济社会发展同部署、同推进、同督促、同考核、同奖惩，把法治政府建设成效纳入政绩考核指标体系。对地方各级政府及政府部门，主要督察其在履行政府职能、制定政府规章或行政规范性文件、执行重大行政决策程序、行政执法过程中是否依法依规。

二是规范督察程序，提高督察工作的程序性、针对性和可操作性。督察工作主要采取书面督察、实地督察两种形式。书面督察要求被督察单位进行全面自查，并限期书面报告情况。实地督察是指深入被督察单位，通过多种形式明察暗访，了解被督察单位实际情况。督察可以采取听取被督察单位以及有关负责人情况汇报，查阅、复制有关制度文件、会议纪要、执法案卷等，询问、约谈有关单位和个人，实地走访、暗访等措施进行；还可以委托科研院校、专业机构等对督察单位进行专业化评估。

三是注重督察结果运用，解决好责任界定和追究问题。对被督察单位在法治政府建设进程中不作为、乱作为、慢作为的现象要及时督促整改，对责任人员依纪依法进行责任追究。同时，对于被督察单位在法治建设进程中遇到的困难和问题要分析原因、找出症结，提出有针对性的意见建议，并帮助推动解决。

此外，法治政府建设督察制度的一大亮点是将法治政府建设年度报告制度法定化、常态化、长期化，要求各级政府部门向党委、人大常委会、上级政府等报告年度法治政府建设情况，并向社会公开，接受公众监督。该项制度是十八大以来在法治政府建设实践中形成的一种行之有效的督察方式和手段，有利于提高党政主要负责人对法治政府建设工作的重视，有利于充分了解、掌握各地区、各部门法治政府建设的进展、成效和问题，有利于接受社会监督，推动形成全社会关心支持和参与法治政府建设的良好氛围。

二、完善法治政府建设评估体系

推进法治政府建设是一项充满艰巨性和复杂性的长期工作，其成效如何需要通过科学的评判标准予以检验。中央全面依法治国委员会办公室以党中央、国务院发布的推进法治政府建设的一系列重要文件为依据，于

2019 年制定、2021 年修订了《市县法治政府建设示范指标体系》，并将其作为开展法治政府建设示范创建活动的评估标准，以及建设法治政府的具体指引，这为把法治政府建设向纵深推进提供了重要抓手。

《市县法治政府建设示范指标体系》（2021 年版）由简到繁共设有三级指标，包括政府职能依法全面履行、依法行政制度体系完善、重大行政决策科学民主合法、行政执法严格规范公正文明、行政权力制约监督科学有效、社会矛盾纠纷依法有效化解、重大突发事件依法预防处置、政府工作人员法治思维和依法行政能力全面提高、法治政府建设组织领导落实到位等方面的内容。这些指标涵盖法治政府建设的主要领域、重要方面，一方面具有可操作性，使法治政府建设可量化、可证明、可比较；另一方面具有引领性，即高于一般地区可以达到的标准，使指标体系真正发挥目标导向作用。例如，三级指标的第 28 项要求行政规范性文件的合法性审核率达 100%，第 31 项要求地方政府规章、行政规范性文件的报备率、报备及时率、规范率均达 100%，对行政规范性文件的备案审查工作提出了较高要求。又例如，第 54 项要求行政执法机关在执法决定作出之日起 20 个工作日向社会公布执法机关、执法对象、执法类别等信息，接受社会监督，行政许可、行政处罚的执法决定信息在执法决定作出之日起 7 个工作日内公开，将行政执法公示制度具体化、明确化，有利于严格规范公正文明执法的实现。

第五章

加快建设公正高效权威的中国特色社会主义司法制度

司法是法治社会的“稳定器”，提供了最终的、最具权威的纠纷解决机制和法律捍卫机制[①]。在法治中国建设中，公正司法是高效的法治实施体系的必要组成部分。司法制度的完善程度决定着我国司法实践能够在多大程度上实现司法的应然职能。目前，我国司法改革已经走入“深水区”，体制改革难、改革阻力大等困境渐显。在习近平法治思想的科学指引下，我国将按照《法治中国建设规划（2020—2025年）》的要求，通过深化司法体制综合配套改革，完善司法管理体制，全面落实司法责任制，深化诉讼制度改革，深化执行体制改革，实现司法公正、高效、权威的总体目标。

第一节 深化司法管理体制改革

司法管理体制改革是在司法机关层面对体制痼疾“动刀子”，着力探索与解决司法机关彼此间的关系问题、上下级法院的职能分配问题、专门法院的改革与设立问题，以及跨行政区司法管辖问题。

一、健全司法机关分工负责、互相配合、互相制约的体制机制

司法机关分工负责、互相配合、互相制约是中国司法体制的基础性原

① 陈卫东．中国司法体制改革的经验：习近平司法体制改革思想研究［J］．法学研究，2017（5）：7.

理。宪法、刑事诉讼法已规定了这一原理。党的十八届四中全会决定将司法行政机关纳入这一原理的适用范围。2020 年，习近平在中央全面依法治国工作会议上指出："党的十八大以来，党中央确定的一些重大改革事项，健全纪检监察机关、公安机关、检察机关、审判机关、司法行政机关各司其职，侦查权、检察权、审判权、执行权相互配合的体制机制等，要紧盯不放，真正一抓到底，抓出实效。"① 这一重要论述又把纪检监察机关纳入这一原理的适用范围。

司法机关分工负责、互相配合、互相制约，既有利于保证刑事诉讼顺利推进，提高司法效率，又有利于发现、纠正办案偏差和错误，提高司法质量。这一司法体制的完善方向包括以下几个方面：首先，分工明确要求权力的明确划分。长期以来，刑事诉讼过程分段而不分权，每个阶段的主导者在该阶段行使几乎无法挑战的权力②。未来，各机关当明确职权、各司其职，使诉讼过程成为多种权力共同决策的过程。其次，配合有力要求机关间的高效衔接。例如，侦诉机关负责行使广义的控诉职能，降低两个机关间的制度壁垒将有助于追诉工作的高效实现。不过，高效衔接不意味着"无条件认同"③，为配合确定限度是未来制度变革的重要课题。最后，制约有效要求制约的激励机制。司法机关间的制约往往发生在有协作关系，甚至是熟人关系的圈子内，容易产生不愿制约的心理。如果不解决激励机制缺位问题，人们所期待的互相制约并不会在这些机关之间自动产

---

① 习近平．坚定不移走中国特色社会主义法治道路 为全面建设社会主义现代化国家提供有力法治保障［J］．求是，2021（5）：13．

② 孙远．"分工负责、互相配合、互相制约"原则之教义学原理：以审判中心主义为视角［J］．中外法学，2017（1）：190－193．

③ 高一飞，蒋稳．新时代司法机关配合与制约关系的调整［M］//刘艳红．东南法学：1．南京：东南大学出版社，2020：105．

生。深化落实司法责任制将促使各机关发现并纠正彼此的过失，防止他人的错误变成自己的错误。

二、明确四级法院职能定位

我国法院的基本体制是以行政区划为单元建构的四级两审终审制。四级法院均有一审职能，中级人民法院及以上各级法院有二审、再审之职能。在理论层面，我国的审级制度被学者称为柱形结构，“自塔基至塔顶，各级法院的价值目标、职能配置及运作方式几乎没有分别”①。在实践层面，我国审级制度存在各级法院的审判职能同一化、审级关系半行政化、审判指导方式无序化等问题②。这些问题导致低级别法院难以定分止争，高级别法院不得不大量受案并进行事实审，无暇实现调研指导、统一法律适用等审判外职能。

我国审级制度改革的目标是使各审级具有问题导向，即一审重在解决事实认定和法律适用，二审重在解决事实法律争议，再审重在解决依法纠错、维护裁判权威③。落实到四级法院层面：基层人民法院应着力提升一审事实认定能力、法律适用能力，并运用多元化纠纷解决机制将纠纷尽量解决于基层。中级人民法院应办好自己审理的一审案件，并在二审程序中依法纠正一审的事实认定错误、法律适用错误。高级人民法院应管辖有普遍法律适用指导意义、关乎社会公共利益的案件，并发挥审级监督作用，

---

① 傅郁林．审级制度的建构原理：从民事程序视角的比较分析［J］．中国社会科学，2002（4）：93.

② 何帆．论上下级法院的职权配置：以四级法院职能定位为视角［J］．法律适用，2012（8）：15－16.

③ 中共中央关于全面推进依法治国若干重大问题的决定［N］．人民日报，2014－10－29（3）.

实现二审法院及再审法院之职能。最高人民法院巡回法庭应审理跨行政区域重大行政和民商事案件并接受民众申诉，本部则应减少受案量，集中精力制定司法政策和司法解释，审理对统一法律适用有重大指导意义的案件，即不仅作为上诉审法院，还充当公共政策法院、推动司法改革的法院[①]。

三、加强专门法院建设

专门法院是司法科学化的产物，随着司法分工逐渐细化和法庭科学证据的使用，普通法官自身能力的短板日益突显，即无法精准地认定事实，因此设立专门法院管辖特定纠纷就成为世界各国的共通选择[②]。党的十八大以来，专门法院建设取得了巨大成就，不仅改革了已存的铁路运输法院、海事法院等专门法院，而且针对司法需求，新设了互联网法院、知识产权法院、金融法院。

专门法院建设兼具机遇与挑战。其一，我国应理顺专门法院的定位及其与普通法院的关系。例如，我国设立互联网法院的目的在于探索涉网案件诉讼规则，为维护网络安全、化解涉网纠纷、促进互联网和经济社会深度融合等提供司法保障[③]。但在实践中，存在涉网案件跨地域性与民事诉讼管辖制度相冲突、涉网案件范围与互联网法院专业化审判职能不相匹配等问题[④]。未来的改革方向就是消弭制度冲突，实现专门法院的专业化审

① 侯猛．司法的运作过程：基于对最高人民法院的观察［M］．北京：中国法制出版社，2021：220－228.

② 佀化强．法院的类型、创设权归属及其司法权配置［J］．中外法学，2020（5）：1362.

③ 习近平主持召开中央全面深化改革领导小组第三十六次会议强调 抓好各项改革协同发挥改革整体效应 朝着全面深化改革总目标聚焦发力［N］．人民日报，2017－06－27（1）.

④ 杨秀清．互联网法院定位之回归［J］．政法论丛，2019（5）：36－38.

判职能，防止其与普通法院的管辖发生交叉。又如，我国设立金融法院的目的在于对金融案件实行集中管辖，推进金融审判体制机制改革，提高金融审判专业化水平①。但在实践中，上海金融法院采取属地管辖原则，属于区域性专门法院，管辖范围尚未包括跨区域、跨国的重大金融案件②。为了给将上海建设成为国际金融中心提供司法保障，金融法院的管辖范围应在未来合理扩张。其二，我国应合理新设专门法院。无论是在各地新设现有种类的专门法院，还是创设诸如环境法院等新型专门法院，决策者都应当充分考虑公众需求、司法成本、诉讼便利等因素③，使专门法院既能发挥司法实效，又不会导致司法权碎片化、烦琐化。

四、深化与行政区划适当分离的司法管辖制度改革

长期以来，我国司法机构基本按照行政区划设置，司法版图划分与行政区划高度重合，这滋生了地方保护主义这一司法弊政。面对跨行政区划案件时，司法机关容易偏袒本地当事人，丧失司法应有的客观中立立场。这不利于平等保护外地当事人合法权益、保障法院独立审判、监督政府依法行政、维护法律公正实施。为此，我国主要从以下两个方面进行体制改革：

其一，完善最高人民法院巡回法庭制度。党的十八届四中全会提出，最高人民法院设立巡回法庭，审理跨行政区域的重大行政和民商事案件。目前，最高人民法院在全国六大区域分别设立六个巡回法庭，实现了最高

---

① 习近平主持召开中央全面深化改革委员会第一次会议强调 加强和改善党对全面深化改革统筹领导 紧密结合深化机构改革推动改革工作［N］. 人民日报，2018-03-29（1）.

② 黄震，占青．我国金融法院的创新实践与未来展望：以上海金融法院的创设探索为中心的实证研究［J］. 金融理论与实践，2020（1）：58-59.

③ 阿计．专门法院的设立之道［J］. 人民之声，2018（8）：8.

审判权的下沉。不过，这些巡回法庭主要审理由本部分配的二审、再审民事案件，且大多数是省内案件，没有真正实现审理跨行政区域案件的预期职能①。未来，我国应在立法层面明确巡回法庭与本部、省高院及跨区法院的管辖界限，既要消弭地方保护主义，又要实现区域内的司法统一。

其二，深入推进跨行政区划的人民法院、人民检察院改革。党的十八届四中全会提出，探索设立跨行政区划的人民法院和人民检察院，办理跨地区案件。2015 年以来，北京和上海依托铁路运输中级法院、铁路运输检察分院，成立了跨行政区划人民法院、人民检察院，在实践中积累了经验，也发现了跨得不够、管得不清等问题②。下一步，应继续深化跨行政区划人民法院、人民检察院改革，实现“普通案件在行政区划法院审理、特殊案件在跨行政区划法院审理的诉讼格局”③。

第二节

全面落实司法责任制

全面落实司法责任制是司法体制改革的“牛鼻子”。为了让“谁办案

① 侯猛．司法的运作过程：基于对最高人民法院的观察［M］．北京：中国法制出版社，2021：84－88.

② 陈卫东．跨行政区划人民法院改革研究［J］．财经法学，2016（6）：26.

③ 习近平．论坚持全面依法治国［M］．北京：中央文献出版社，2020：100.

谁负责”真正落地，未来的发展方向包括：落实法官检察官办案主体地位，加强办案团队建设，健全专业法官会议、检察官联席会议制度，完善指导性案例制度，等等。

一、落实法官检察官办案主体地位

司法责任制以“让审理者裁判，由裁判者负责”为基本价值取向，法官、检察官承担责任的前提就是在司法过程中居于办案主体地位，依法独立行使办案权。这包括两方面要求：一是明确员额法官检察官的办案权限，二是排除对办案活动的违法干预。关于前一方面，最高人民法院、最高人民检察院已经出台了有关完善司法责任制的一系列政策文件，初步明确了员额法官检察官的办案权限。在立法中统一规范法官、检察官办案权限将是未来的改革方向。关于后一方面，党中央、中央政法委和中央政法单位已建立起党政领导干部干预司法案件记录追责、司法机关内部人员过问案件记录追责、规范司法人员与律师和当事人等接触交往行为等三项制度，筑起了三道防范违法干预的“隔离墙”。下一步，应当进一步健全、落实这三项制度，有效阻断来自司法机关内外的非法干扰。

权责一致是司法责任制的应有之义。居于办案主体地位的法官、检察官应承担相应的司法责任。首先，应加强对法官、检察官办案的监督。通过搭建并完善司法机关内部制约监督机制、司法机关相互制约监督机制、司法活动的社会监督机制，使办案中的“猫腻”“暗门”无处遁形。其次，应确立对法官、检察官追责的程序规范。明确惩戒机构、惩戒情形、惩戒程序，有助于让司法责任制在阳光下运行，既为被追责者提供申辩途径，又可避免机关内部的包庇现象。最后，应合理确定惩戒力度。司法责任不宜过度严厉，防止加剧法官、检察官的道德风险、法律风险。同时，适当确立办案责任豁免权，可促进办案人员发挥主观能动性，根据经验、理性、良心作出独立决定[①]。

二、加强办案团队建设

建设办案团队、提高司法效能是司法体制改革的重要内容。长期以来，我国司法机关内部存在严重的“冗官”现象，大量人员从事行政管理工作，人力资源未能投入办案一线。为改变此现状，应以法官、检察官员额制为支点，从以下两个方面进行改革：

其一，区分办案人员与行政管理人员。按照各归其位、各司其职的原则，推动办案职能回归于司法人员、管理职能集中于行政人员、监督职能落实于法定组织和人员，构建起分工合理、权责明晰的内部管理机制。人力资源应尽可能向办案团队倾斜，严格控制司法行政人员的编制，扩大司法辅助人员的编制。同时，习近平指出，“凡是进入法官、检察官员额的，要在司法一线办案，对案件质量终身负责”[②]。入额的领导干部如副院长、庭长也要负责办案，并在重大、疑难、复杂案件的审理中发挥专业优势，引领团队建设。

其二，构建合理高效的办案团队。办案团队的构建模式尚在探索中，如《最高人民法院关于完善人民法院司法责任制的若干意见》第 4 条允许各地法院依据受案类别、职能定位和审级情况灵活确定审判团队的构建形式。实践中，各地法院围绕着去行政化、提高审判效率、提高管理效率、

---

① 陈瑞华．司法体制改革导论［M]. 北京：法律出版社，2018：209.

② 习近平．论坚持全面依法治国［M]. 北京：中央文献出版社，2020：147.

优化资源配置等目标，形成了随机组成合议庭模式、审判团队模式、相对固定合议庭模式等不同形式的办案团队[①]。未来，各级司法机关应总结实践经验。一方面，要处理好办案团队内部的人员配置问题，如员额法官、检察官与司法辅助人员的配比与分职。另一方面，要处理好办案团队与司法需求的关系问题，保证办案团队的针对性、灵活性，实现人员专业化分工、类案专业化办理。

三、健全专业法官会议、检察官联席会议制度

专业法官会议旨在为合议庭提供专业化法律咨询。过去，法官动辄向上请示或将案件提交审判委员会，并按照指示裁判，这违反了司法亲历性原理，并加剧了司法行政化。随着司法责任制改革的深入，《最高人民法院关于完善人民法院司法责任制的若干意见》第8条中规定："合议庭认为所审理的案件因重大、疑难、复杂而存在法律适用标准不统一的，可以将法律适用问题提交专业法官会议研究讨论。专业法官会议的讨论意见供合议庭复议时参考，采纳与否由合议庭决定，讨论记录应当入卷备查。"会议的召开有条件限制，会议的意见仅供参考。不过，专业法官会议尚在起步阶段，有待完善。从功能层面，应明确专业法官会议作为咨询机制的地位，并应着力实现统一类案与疑难案件的法律适用、过滤审判委员会研讨案件等主要作用，以及积累裁判经验、培养青年法官等附带作用[②]。从制度层面，应总结各地实践经验，为该制度明确人员构成、讨论范围、提

① 马渊杰．司法责任制下审判团队的制度功能及改革路径［J］．法律适用，2016（11）：98－100.

② 梁桂平．论专业法官会议的功能定位及运行模式［J］．法律适用，2016（8）：98－99.

请条件、议事程序，并健全专业法官会议与合议庭评议，赔偿委员会、审判委员会讨论案件的工作衔接机制。

检察官联席会议也是一种办案决策辅助机制，旨在为承办案件的检察官或检察官办案组提供参考意见，员额检察官可自行决定采纳与否。实践中，该制度发挥了为疑难案件提供决策参考、为类案处理提供指导依据、为司法人员提供经验分享平台等积极作用①。不过，该制度尚在试行阶段，存在改进空间。其一，明确会议召开条件与议事规则。目前的检察官联席会议召开条件为“重大、疑难、复杂案件”，过于模糊，实践中出现“一提就开”的现象。同时，各地检察机关皆在试行不同议事规则，有不尽合理之处。最高人民检察院应适时牵头，完善该制度的顶层设计。其二，建立并完善激励机制与考评机制。在限定议事条件的前提下，激励机制可鼓励员额检察官将案件提交到检察官联席会议，以实现议定疑难、统一办案标准的制度目标。考评机制则是为了增加参会人员责任感，提升议事质量。

四、完善指导性案例制度

指导性案例系最高人民法院、最高人民检察院指导下级人民法院、人民检察院办案实践，以统一法律适用的重要制度。以法院指导性案例为例，过去，地方法院常就法律适用疑难问题向上级法院请示，这一行为不仅违反了审理者裁判的司法责任原理，而且变相剥夺了当事人的上诉权。自上一轮司法改革起，我国着手改变审判指导的运作方式，构建并完善了

① 李文艳，胡宜振．检察官联席会议制度运行现状［J］．人民检察，2019（6）：30－31.

指导性案例制度。最高人民法院负责指导性案例的筛选、发布，各级法院则应当在裁判中予以参照。

理论上，指导性案例是在制定法传统下，以案例的形式发展了制定法，作为一种有说服力的法律解释被各级法院、检察院运用于说理中[①]。截至 2021 年 11 月，最高人民法院已经发布了 30 批共 171 件指导性案例，涉及刑事、民事、行政等案件类型，涉及实体、程序等法律疑难；最高人民检察院已经发布了 30 批共 121 件指导性案例，涉及刑事控诉、审判监督、执行监督等检察事务。在司法实践中，各级法院、检察院积极运用指导性案例作为说理依据。

下一步，指导性案例制度应在如下三个方面进行完善：在案例确定层面，最高人民法院、最高人民检察院应继续完善案例筛选程序，并针对司法实务中热点、重点、难点问题，及时确立指导性案例，实现提高类案处理的效率、统一法律适用的制度目标。在案例运用层面，最高人民法院、最高人民检察院应进一步提升各级法院、检察院参引案例的规范性。例如，要求司法机关进行案件“类似性”的说明，明确“裁判要旨”的地位，以及明确不参引指导性案例的说理要求，等等。在案例清理层面，最高人民法院、最高人民检察院应确立、完善指导性案例的退出机制。最高人民法院 2020 年 12 月 29 日发出通知，自《民法典》生效之日起，9 号、20 号两则指导性案例不再受法院参引，开启了案例清理的序幕。未来的改革方向就是使清理机制完善化、清理活动常态化。

---

① 侯猛．司法的运作过程：基于对最高人民法院的观察［M］．北京：中国法制出版社，2021：103－105.

第三节 深化诉讼制度改革

诉讼制度改革以实现更高层次的司法公正与效率为导向。不仅要进一步完善刑事、民事诉讼制度，而且要让人民群众在诉讼过程中切身体会到人权司法与司法为民的理念。

一、深化以审判为中心的刑事诉讼制度改革

长期以来，我国刑事司法实践中存在侦查中心主义、案卷笔录中心主义、庭审形式化等现象。有的公检法机关办案人员不讲制约、一路“放水”，以致起点错、跟着错、错到底，最终形成冤错案件。为此，党的十八届四中全会将“推进以审判为中心的诉讼制度改革”作为改革的重要内容，习近平指出：“推进以审判为中心的诉讼制度改革，目的是促使办案人员树立办案必须经得起法律检验的理念，确保侦查、审查起诉的案件事实证据经得起法律检验，保证庭审在查明事实、认定证据、保护诉权、公正裁判中发挥决定性作用。”[①] 2016 年，最高人民法院会同其他四个部门

① 习近平．论坚持全面依法治国［M］．北京：中央文献出版社，2020：101－102．

出台了《关于推进以审判为中心的刑事诉讼制度改革的意见》，推进了侦查、起诉、审判、辩护、法律援助、司法鉴定等领域的全面改革。

为实现“事实证据调查在法庭，定罪量刑辩论在法庭，裁判结果形成于法庭”的改革目标，刑事诉讼各阶段的改革应更加深入。在侦查阶段，侦查机关应完善与裁判标准看齐的证据收集标准，进一步规范证据收集与移交程序。在审查起诉阶段，检察机关应深化补充侦查、不起诉、撤回起诉制度改革，尝试变革卷宗移送主义。法院组织的庭审能够展现程序正义最完整的形态①，庭审实质化改革应作为审判改革的重心。审判机关应减少对庭前移送案卷的依赖，完善庭前会议、非法证据排除制度；进一步落实举证质证实质化，避免“打包举证质证”的现象；提高证人出庭率，保障犯罪嫌疑人的对质权。此外，以审判为中心的刑事诉讼制度改革也要致力于提升司法效率，如总结认罪认罚从宽制度试点经验，完善速裁程序、简易程序，构建起中国特色轻罪诉讼制度体系，让正义更快实现。

二、完善民事诉讼制度体系

面对案件井喷式增长的司法现状，习近平指出，“要深化诉讼制度改革，推进案件繁简分流、轻重分离、快慢分道”②，“要加快构建立体化、多元化、精细化的诉讼程序体系”③。民事诉讼制度改革的主要目标，是在保证司法公正的前提下破解民商事案件快速增长带来的案多人少难题。未来的改革方向包括：推进诉讼程序精细化，加快推进“分流、调解、速

---

① 魏晓娜．以审判为中心的刑事诉讼制度改革［J］．法学研究，2015（4）：94－98．

② 习近平．论坚持全面依法治国［M］．北京：中央文献出版社，2020：248．

③ 习近平．论坚持全面依法治国［M］．北京：中央文献出版社，2020：234．

裁”机制改革，完善小额诉讼、司法确认、电子督促等程序，研究扩大独任制适用范围，推动案件办理进一步提速。推进案件审理专门化，建立专业化审判组织和团队，实行管辖集中化、审理专门化、程序标准化，实现简案快办、繁案精审。

同时，民事诉讼制度改革还要着力解决具有时代性的司法问题。例如，近年来我国的家庭危机导致家事案件受案量持续上升，成为民事审判第一大类案件①。为此，最高人民法院自 2016 年开始推行家事审判改革，各地法院积极推行了试点工作。下一步，应总结各地实践经验，结合《民法典》婚姻家庭编及相关司法解释的新规定，完善家事纠纷的多元化解决机制，建立健全家事诉讼专门化审理机构、团队与程序，将人身保护令、离婚冷静期等制度落到实处。又如，环境污染、工业事故、食药中毒等危害社会公共利益的现象伴随“风险社会”而来，最高人民检察院自 2015 年开始了民事公益诉讼改革，改革成果被纳入 2017 年修正的《民事诉讼法》②。未来，应细化民事公益诉讼规范体系，提升检察机关在土地管理、生态环境、食药安全等领域的法律运用能力。此外，诉讼成本问题亦值得关注，进一步推进诉讼费改革、诉讼网络化改革，可使民众用更少的费用、更便捷地获得正义。

三、全面加强人权司法保障

司法是人权法治保障的最后防线，人权司法保障状况是一面反映人权保护水平的镜子。习近平把“权利救济”界定为司法的基本功能，把“完

① 李拥军．作为治理技术的司法：家事审判的中国模式［J］．法学评论，2019（6）：172.
② 张卫平．改革开放以来民事诉讼制度的变迁［J］．人民检察，2019（1）：36－40.

善人权司法保障制度”确立为深化司法体制改革的重要方面[1]。党的十八大以来，党中央在完善人权司法保障层面作出了一系列顶层设计，把中国人权司法保障推进到一个新阶段。在此基础上，全面加强人权司法保障是建设法治中国的必由之路。

其一，加强错案的纠正与预防。党的十八大以来，司法机关坚持实事求是、有错必究的原则，依法纠正了浙江张氏叔侄案、河南李怀亮案、内蒙古呼格吉勒图案等一批重大冤假错案，提振了全社会对人权司法保障的信心。未来，刑事冤错案件的纠正不能止步，应不断完善纠正冤假错案工作机制，不仅要依法为冤案平反，给予受冤者国家赔偿，还要依法追究办案人员的司法责任。亡羊补牢不如未雨绸缪，预防错案的制度建设也要跟进。具体包括：加强对刑讯逼供和非法取证的源头预防，完善对侦查行为的监督机制，建立重大案件侦查终结前对讯问合法性进行核查制度，健全讯问犯罪嫌疑人、听取辩护人意见工作机制，等等。这些措施旨在把办案过程打造成一道道“闸门”，不允许冤假错案成为“司法产品”流入社会。

其二，加强公民权利的司法保障。人权司法保障的一个重点领域，是对诉讼当事人特别是刑事诉讼当事人的人身权、财产权等实体权利的保障。未来，我国应通过完善对限制人身自由司法措施和侦查手段的司法监督、完善讯问全程同步录音录像、完善看守所管理等制度措施，加强对公民人身权的司法保障；通过加强对查封、扣押、冻结财产等强制措施的监督、严格规范涉案财产处置、审慎把握处理产权和经济纠纷的司法政策等举措，加强对公民财产权的司法保障。同时，保障公民诉讼权利也是人权

---

① 习近平．论坚持全面依法治国［M］．北京：中央文献出版社，2020：60.

司法保障的应有之义。未来的改革应继续加强对当事人和其他诉讼参与人知情权、陈述权、辩护辩论权、申请权、申诉权等权利的保障。而当公民无法通过诉讼获得救济时，司法救助制度应发挥保障民众生活的作用。进一步细化司法救助经费保障、救助范围、标准程序等规定，增强司法救助制度的可操作性和实效性①，使中国的人权司法保障达到新的高度。

四、健全现代化诉讼服务体系

民众享受司法改革成果，感受到司法公平正义的重要途径，就是在诉讼过程中接受诉讼服务。随着立案登记制的确立，民众将纠纷提交到法院的门槛已然降低。如何给民众带来更好的诉讼体验，提高纠纷解决效率，是未来诉讼制度改革的重要课题。《法治中国建设规划（2020—2025 年）》指出，现代化诉讼服务体系应具有集约高效、多元解纷、便民利民、智慧精准、开放互动、交融共享等特征，可预期的改革包括如下两个方面：

其一，加强诉讼服务中心的集成化、网络化建设。2019 年起，最高人民法院组织各地法院开展一站式多元纠纷解决机制、一站式诉讼服务中心建设，目前已取得初步成果。未来，各级法院应完善诉讼引导服务，完善多元纠纷解决方式的衔接机制，深化诉讼服务中心对法院内部资源的整合，推动区域间诉讼服务的协同。同时，科技发展为诉讼服务开辟了网络空间。最高人民法院已建设了中国移动微法院、调解平台等十大诉讼服务信息平台，初步实现了诉讼服务网络化建设。下一步，各级法院应继续完善网上诉讼平台建设，推动起诉、调解、立案、庭审、判决、执行等全程

---

① 江国华．新中国 70 年人权司法的发展与成就［J］．现代法学，2019（6）：16.

网络化，建立与互联网时代相适应的诉讼模式，增强诉讼便利性、高效性。上述措施将推动诉讼服务中心建设成为线下“一站服务”、线上“一网通办”的诉讼服务枢纽。

其二，加强法律援助制度建设。习近平指出：“如果群众有了司法需求，需要打官司，一没有钱去打，二没有律师可以求助，公正司法从何而来呢?”[①] 让每一个公民请得起律师、打得起官司，是法律援助制度的根本宗旨。党的十八大以来，我国设立了法律援助值班律师制度，并将法律援助经费纳入市、县级财政预算，提高了法律援助律师的办案补贴标准。未来，我国一方面应加大对法律援助的经费投入，扩大法律援助范围，推动刑事案件的法律援助全覆盖；另一方面应尽快落实法律援助的立法工作[②]，为法律援助设定考核机构、考核标准，全方位提升法律援助的质量。

第四节

深化执行体制改革

执行体制改革关乎正义的最终实现，未来的改革方向包括：深入推进审执分离，建立民事案件“执行难”的长效治理机制；推进刑罚制度改

① 习近平．论坚持全面依法治国［M］. 北京：中央文献出版社，2020：23.

② 谢晓刚．法律援助立法彰显正义之声［N］. 人民法院报，2021-06-12 (2).

革、监狱体制改革，完善刑事司法的“最后一公里”。

一、深入推进审执分离

“执行难”是我国司法实践的痼疾，不仅直接影响权利救济，而且极大地损害了司法公信力。执行权兼具司法权与行政权的特征，多国立法例区分执行裁决权与执行实施权的行使主体与程序。党的十八届四中全会明确提出推动审执分离体制改革试点，各级法院积极实践，在“彻底外分”“部分外分”“深化内分”等模式中，普遍选择了“深化内分”的稳妥模式，设立执行局负责统筹落实执行事务。2020 年，最高人民法院院长周强指出，审执分离改革实现了“基本解决执行难”的阶段性成果。

为彻底破解“被执行人难找、被执行财产难寻、协助执行人难求、应执行财产难动”[①] 等执行困局，我国应当深入推进审执分离改革。其一，继续优化审执分离与衔接。审执分离改革不会也不应割断审判权、执行权运作的内在联系，如生效法律文书是否具有确定性、可执行性决定了执行的顺畅与否。完善立案、审判与执行工作的协调运行机制，完善保全与执行、破产与执行的衔接机制，将有助于提升执行效率。其二，继续优化执行权配置。执行权可被细分为执行裁判权与执行实施权[②]，缺乏制约的权力运作易产生执行弊政。未来的改革应强化执行分权，改变“一人包案到底”的办案模式。同时，各级法院要加强执行局的机构建设，落实统一管理、统一指挥、统一协调的执行工作机制。其三，继续优化执行权运作。规范层面的改革方向包括：推进强制执行法的出台，建立并完善以操作规

---

① 马登科．审执分离运行机制论［J］．现代法学，2019（4）：176.

② 洪冬英．论审执分离的路径选择［J］．政治与法律，2015（12）：156－159.

程为核心的执行行为规范体系，完善协同执行、委托执行机制，等等。实践层面的改革方向包括：健全“执行难”的综合治理模式，在现有的执行信息公开网、司法拍卖平台的基础上，加强执行信息化建设，等等。

二、完善刑罚执行制度

刑罚执行是刑事司法的最终环节，不仅负担着惩处犯罪行为、实现公平正义的司法职能，而且负担着帮助罪犯回归社会、维护社区安宁等社会治理职能。长期以来，我国刑罚执行权由法院、公安机关、司法行政机关分掌，实践中出现了执行标准不一、执行流程各异等现象①。为此，党的十八届四中全会决定，将统一刑罚执行体制作为我国执行体制改革的重要内容。进一步落实这一顶层规划，应从以下三方面入手：

其一，统一刑罚执行权的行使主体。学界普遍支持，由司法行政机关统一负责各类刑罚的执行②。理由在于，在现行体制下，各机关都单独设有一套执行机构及配套人员，产生资源浪费与对接成本。同时，法院、公安机关行使刑罚执行权也违反了审判权、侦查权与执行权分离的权力结构的要求。未来的改革方向包括：探索将法院与公安机关的刑罚执行权转隶司法行政机关，细化看守所、监狱、司法警察等具体执行机关的执行内容，等等。其二，统一刑罚执行规范。我国刑罚执行的法律依据分布于《刑法》《刑事诉讼法》《出境入境管理法》《监狱法》等法律文本中，多有龃龉之处，导致执行标准不同、执行力度有别。下一步，应完善各执行机

---

① 四川省监狱管理局课题组．现代治理背景下完善刑罚执行体系研究［J］．中国司法，2021（4）：96－98.

② 韩玉胜，沈玉忠．行刑一体化与刑罚执行权的新配置［J］．河北学刊，2008（1）：162－166；宗会霞．刑罚执行一体化的基本步骤与风险应对［J］．政治与法律，2018（4）：138－148.

关的执行细则，统一程序、标准与监督，并在此基础上推动刑罚执行法的立法工作[①]。其三，推动刑罚执行社会化。20 世纪下半叶以来，世界主要国家刑罚演变的一个基本趋势，就是从以监禁刑为主转向监禁刑与非监禁刑并重。非监禁刑运用社会力量改造罪犯，有利于降低刑罚成本，有利于促进罪犯回归社会。自 2020 年 7 月 1 日起，《社区矫正法》正式实施，标志着我国刑罚执行社会化水平提升到了新的高度。未来，既要加强社区矫正与监禁刑的衔接，又要细化社区矫正实施细则，以实现刑罚执行立足社区、依靠社区、服务社区的制度目的。

三、深化监狱体制改革

现代化的监狱应兼具惩戒与教育功能，监狱体制改革的目的也不限于防止罪犯逃走，而是要兼顾监狱安全、罪犯人权与改造。党的十八大以来，我国大力强化监狱内部管理，严防严打监狱腐败，进一步加强罪犯改造工作，并将依法治监纳入全面推进依法治国的战略布局，使我国监狱体制发生了历史性变革[②]。未来，监狱体制改革应进一步深化。

其一，深化监狱管理制度改革。这包括：推进《监狱法》的修订，完善监狱内部管理规范，构建精细的监狱监区分级分类体系，落实监狱经费全额保障机制，提升监狱的硬件设施水平与信息化水平，等等[③]。其二，深化罪犯改造制度改革。司法部于 2018 年提出，以“五大改造”作为罪

---

① 殷泓，王逸吟．最高检建议研究制定统一的刑罚执行法［N］．光明日报，2015－11－03（4）．

② 贾洛川．改革开放四十年中国监狱发展的回顾与展望［J］．河南司法警官职业学院学报，2018（4）：16－17．

③ 李豫黔．中国监狱改革发展 40 周年回顾与思考：下［J］．犯罪与改造研究，2019（3）：2－12．

犯改造制度的改革目标，即坚持以政治改造为统领，统筹推进监管改造、教育改造、文化改造、劳动改造。下一步的改革方向包括：细化罪犯分类，增强减刑、假释等刑罚变更制度的激励效果，完善监狱与社区矫正机构、安置帮教机构的衔接，等等。改革目的在于全面提升监狱的改造能力，不仅要降低服刑人员的重新犯罪率，而且要保障他们在走出监狱后，有能力、有信心、有机会重新融入社会。其三，深化监狱监督制度改革。我国检察机关已经建立并全面推行了“巡回检察＋派驻检察”的监狱监督工作机制，此种模式可有效防止监督者被“同化”，提升监督效果。此外，我国应继续提升监狱开放水平，完善人大监督、监察监督、司法监督，建立独立第三方监督机制，加强社会媒体监督①。这些措施既有助于督促监狱提升依法治监水平，又有助于提升监狱的公众形象。

① 张绍彦．中国监狱改革发展的问题和方向［J］．政法论坛，2018（6）：114-116.

第六章

加快法治社会建设

现代化是一个系统工程，涉及国家治理方式、社会结构、观念意识等各方面的深刻变革，迈向现代化新征程的法治中国建设必然也包含社会的维度。不过，传统法治学说往往聚焦在法治国家和法治政府，很少专门涉及社会层面。习近平法治思想科学回答了为什么要建设法治社会、建设什么样的法治社会、如何建设法治社会等重大问题，形成了内涵丰富、论述深刻的法治社会理论，为新时代法治社会建设提供了总蓝图和路线图。2020 年 12 月，中共中央印发《法治社会建设实施纲要（2020—2025 年）》，进一步明确法治社会建设的指导思想、主要原则、总体目标和具体任务。本章侧重于从内涵、任务及重点难点等角度，对迈向现代化新征程的法治中国如何加快法治社会建设作出体系化阐释。

第一节 法治社会的概念解析

“法治社会”是党和国家在全面推进依法治国中提出的全新命题。回顾法治社会提出的历程及其意义、厘清法治社会的基本内涵，是加快法治社会建设的必要前提。

一、法治社会的提出及其意义

“法治社会”不是一个全新的词，却是一个全新的法治范畴。从国内来看，该词早在 20 世纪 50 年代就有学者使用过[①]，80 年代以后更是被广泛提及。不过，当时通常是在有无"法制"或"法治"的含义上来使用该词，"法治社会"与"法治""法治国家"的内涵与外延几乎相同。从国外来看，无论是作为一种政治法律理想、理论学说还是治理模式，法治基本上被当作一个整体来对待，很少划分更细致的次级范畴。2012 年以来，习近平提出"法治国家、法治政府、法治社会一体建设"的重大命题，强调"三者各有侧重、相辅相成"[②]，明确赋予"法治社会"作为一个独立的法治范畴的地位。对此，可从以下三方面加以认识：

第一，法治社会的提出是马克思主义法治理论中国化最新成果。西方法治虽有各种学说和制度模式，但其基本内核在于"公权力受法律限制"，主张通过法律约束国家权力来保障个人权利[③]。然而，国家权力和个人权利都深嵌在社会之中。即如马克思和恩格斯指出的，个人"不是处在某种虚幻的离群索居和固定不变状态中的人，而是处在现实的、可以通过经验观察到的、在一定条件下进行的发展过程中的人"[④]，"权利决不能超出社会的经济结构以及由经济结构制约的社会的文化发展"[⑤]。法治社会范畴的提出以历史唯物主义为指导，将社会纳入法治概念框架之中，通过法治国家、法治政府、法治社会三者关系及其"一体建设"，对法治作出了最为系统完备的论述。

---

① 炽亚．国际法律学家会议发表德里宣言［J］．现代外国哲学社会科学文摘，1959（5）：32－34．

② 习近平．论坚持全面依法治国［M］．北京：中央文献出版社，2020：16，230．

③ 皮特罗·科斯塔，达尼洛·佐洛．法律的规则：历史、理论及其批评［M］．田飞龙，等译．上海：上海三联书店，2015：23－26．

④ 马克思，恩格斯．德意志意识形态（节选本）［M］．北京：人民出版社，2018：17－18．

⑤ 马克思．哥达纲领批判［M］．北京：人民出版社，2018：16．

第二，法治社会的提出建立在对当代中国社会及其变迁的深刻把握的基础之上。习近平指出：“我们党现阶段提出和实施的理论和路线方针政策，之所以正确，就是因为它们都是以我国现时代的社会存在为基础的。”① 各种法治模式都建立在特定的社会基础之上，我国的社会治理基础与西方社会有着明显差异。特别是，当前我国社会主要矛盾已经转化为人民日益增长的美好生活需要和不平衡不充分的发展之间的矛盾，国家能力、社会关系、利益格局、思想观念等都发生了重大变化，既对法治提出了新要求，也提出了一些新挑战。法治社会的提出是对这些要求和挑战的回应，是中国特色社会主义法治道路的具体展示。

第三，法治社会的提出是对中国特色社会主义法治建设的经验总结。改革开放以来，尤其是中国特色社会主义进入新时代以来，我国在统筹推进“五位一体”总体布局、协调推进“四个全面”战略布局中始终注重发挥“法治的引领、规范、保障作用”，围绕全面依法治国采取了一系列重大决策部署和改革探索。法治社会的提出既是对这些改革和经验的提炼和整合，也为新时代坚持法治、德治、自治相结合，推进社会治理共建共治共享提供了行动指南。

二、法治社会的内涵及其任务

习近平指出，“法治国家是法治建设的目标，法治政府是建设法治国家的主体，法治社会是构筑法治国家的基础”②，《法治社会建设实施纲要

① 中共中央文献研究室．习近平关于全面深化改革论述摘编［M］．北京：中央文献出版社，2014：11.

② 习近平．论坚持全面依法治国［M］．北京：中央文献出版社，2020：230.

（2020—2025 年）》进一步明确法治社会建设的总体要求和主要举措，为准确把握法治社会的基本内涵提供了依据。

《法治社会建设实施纲要（2020—2025 年）》提出，“建设信仰法治、公平正义、保障权利、守法诚信、充满活力、和谐有序的社会主义法治社会”，从建设目标的角度对法治社会作出界定。由此可见，不同于传统法学理论常常提及的“通过法律的社会控制”，法治社会包含多种价值目标，涉及社会观念、价值追求、社会氛围、治理结构等多个层面[①]。习近平指出，“依靠法治解决各种社会矛盾和问题，确保我国社会在深刻变革中既生机勃勃又井然有序”[②]，这些目标的实现有赖于法治的推进和保障，是法治国家和法治政府建设成果的体现；同时，良好的法治观念、公平的社会秩序、切实保障的权利、守法诚信的社会氛围、秩序与活力兼顾的治理结构，又是法治政府建设和法治国家构筑的坚实基础。

与此同时，《法治社会建设实施纲要（2020—2025 年）》就如何推进法治社会建设作出整体规划，包括“推动全社会增强法治观念”“健全社会领域制度规范”“加强权利保护”“推进社会治理法治化”“依法治理网络空间”等方面。这些内容与建设目标大致对应，是建设任务的具体分解。（1）“信仰法治”“守法诚信”主要涉及法治信仰、法治文化、守法意识等精神层面，需要“推动全社会增强法治观念”。（2）“充满活力”“和谐有序”需要依靠法律和其他各类规范在一般意义和具体社会领域中的协同作用，需要“健全社会领域制度规范”，其中包含“依法治理网络空间”。

① 有学者对此加以概括，提出“法治社会是一个法治、平安、公正、和谐、活力、文明的社会”。黄文艺，李奕．论习近平法治思想中的法治社会建设理论［J］．马克思主义与现实，2021（2）：60.

② 习近平．论坚持全面依法治国［M］．北京：中央文献出版社，2020：104.

(3)“公平正义”“保障权利”关涉法治社会建设的实质内容，需要从公共政策制定、执行、适用等全过程全方位“加强权利保护”。(4)“推进社会治理法治化”主要涉及各类治理主体在横向、纵向等方面的分工协作，以及社会安全、纠纷解决等领域的体制机制，为法治社会建设诸项目标提供支持和保障。

第二节
推动全社会增强法治观念

法治社会是一个信仰法治、守法诚信的社会。习近平指出，“只有内心尊崇法治，才能行为遵守法律。只有铭刻在人们心中的法治，才是真正牢不可破的法治”[①]。加强法治宣传教育、建设社会主义法治文化、完善守法诚信激励机制是推动全社会增强法治观念的必要举措。

一、加强法治宣传教育

我国历来重视法治宣传教育，1986 年开启的全民普法工程延续至今已有三十余年，在传播法律知识、培养法治观念等方面发挥了巨大作用。在

① 习近平．论坚持全面依法治国［M］．北京：中央文献出版社，2020：135.

看到这些成绩的同时，也要注意到针对性和实效性一直是其薄弱点。以中国人民大学法治评估研究中心连续四年的调查数据为例，人们对法治观念培养、法律知识学习等普法效果予以较高评价，却普遍认为普法流于形式，近些年虽有改善，但即便 2019 年的好评率也仅为 26%，差评率近 50%①。

习近平指出，“普法工作要在针对性和实效性上下功夫”②。为此，需要在以下几方面加强法治宣传教育工作：第一，坚持把习近平法治思想宣传教育放在首位，针对学习过程中的难点疑点、法治实践中重大问题和人们普遍关心的问题，采取灵活多样的方式进行宣传教育，以增进对习近平法治思想的深刻理解和广泛认同，在基本原理层面上提升人们对法治的认识。第二，建立健全多方参与、协力合作的法治宣传教育体系。在目前已初步形成的学校教育、单位教育、法治教育、公益教育等所构成的法治宣传教育体系的基础上，进一步落实国家机关“谁执法谁普法”普法责任制，强化青少年法治教育，构筑由国家机关和社会组织、法律服务队伍和志愿者队伍等共同参与的多元主体普法格局。第三，改进法治宣传教育方式。在全面落实宪法宣誓制度、持续开展全国学生“学宪法讲宪法”活动、继续推动“12·4”国家宪法日和“宪法宣传周”集中宣传活动制度化、落实健全国家工作人员学法用法等制度的同时，在科学立法、严格执法、公正司法的过程中培植人们的法律信仰，将释法说理贯穿于执法司法全过程，充分利用新媒体新技术等方式开展普法活动。

---

① 朱景文．中国人民大学中国法律发展报告 2020：中国法治评估的理论、方法和实践［M］．北京：中国人民大学出版社，2020：202-211.

② 习近平．论坚持全面依法治国［M］．北京：中央文献出版社，2020：4.

二、建设社会主义法治文化

作为历史的沉淀，文化是影响社会观念、个人意识和社会行动的深层力量。习近平指出，“必须在全社会弘扬社会主义法治精神，建设社会主义法治文化”[①]。继《法治社会建设实施纲要（2020—2025年）》对“建设社会主义法治文化”作出规划部署，2021年3月，中共中央办公厅、国务院办公厅印发《关于加强社会主义法治文化建设的意见》，提出“建设面向现代化、面向世界、面向未来的，民族的科学的大众的社会主义法治文化”。在继续繁荣社会主义法治文艺、丰富法治文化产品、加强法治文化阵地建设的过程中，当前或许应重点处理好以下两对问题：

其一，内部整合与外部融合。在长期的革命和建设实践中，中国共产党矢志不渝地领导中国人民探索人类历史上先进的法律制度和法治模式[②]。此外，我国有着数千年的传统法律文化，近代以来也受到西方法治文明诸多影响。建设社会主义法治文化要注重内部整合，立基于新时代法治建设，创造性转化中华优秀传统文化，创新性发展红色法治文化，吸收人类历史上一切有益的法治文明成果。与此同时，需要大力推进法治文化与传统文化、红色文化、地方文化、行业文化、企业文化等融合发展，增强法治文化的穿透力和传播力。

其二，文化自信与国际传播。习近平指出，“在中外文化沟通交流中，

---

① 习近平．论坚持全面依法治国［M］．北京：中央文献出版社，2020：113.

② 王利明，黄文艺．中国共产党领导法治中国建设的伟大成就和成功经验［J］．中国人民大学学报，2021（3）：5-9.

我们要保持对自身文化的自信、耐力、定力”[①]。建设社会主义法治文化首先要充分肯定和积极践行我们自身的文化价值，对其生命力持有坚定信心。为此，应坚定不移地坚持党的领导和中国特色社会主义法治道路，始终以人民为中心，将社会主义核心价值观融入建设全过程，做到“知行合一、重在实践”“继承发展、守正创新”[②]。当然，法治文化也是一个国家文化软实力和法治发展的重要体现，需要努力提升社会主义法治文化的海外传播能力，对外阐释中国特色社会主义法治和习近平法治思想的基本内涵，充分发挥法治文化在对外交流合作中的作用。

三、完善守法诚信激励机制

全民守法是法治社会的基础工程，守法诚信是法治观念的重要组成部分，其形成有赖于激励守法诚信、惩戒违法失信的良性机制。我国社会有重人情面子、关系伦理的传统[③]，“小事闹大”也是人们寻求救济的一种常用策略[④]。这些传统并未随着社会发展而消失，加之某些制度设计和实践运作的不合理，在某种程度上甚至对守法诚信产生逆向激励效应。针对这些现实问题，习近平提出了一系列新思路新举措，指出了守法诚信激励机制的完善方向[⑤]。

---

① 中共中央文献研究室．习近平关于社会主义文化建设论述摘编［M］．北京：中央文献出版社，2017：205.

② 中办国办印发意见 加强社会主义法治文化建设［N］．人民日报，2021－04－06（1）.

③ 翟学伟．人情、面子与权力的再生产：情理社会中的社会交换方式［J］．社会学研究，2004（5）：48－57.

④ 彭小龙．现代社会中司法的力量：兼论转型中国司法的两难困境及应对［J］．现代法学，2009（6）：29.

⑤ 黄文艺，李奕．论习近平法治思想中的法治社会建设理论［J］．马克思主义与现实，2021（2）：66.

第一，坚决改变那种遇事找人找关系的现象，引导群众遇事找法。习近平指出，“如果人情介入了法律和权力领域，就会带来问题，甚至带来严重问题”，要“改变找门路托关系就能通吃、不找门路托关系就寸步难行的现象，让托人情找关系的人不但讨不到便宜，相反要付出代价”，“关键是要以实际行动让老百姓相信法不容情、法不阿贵，只要是合理合法的诉求，就能通过法律程序得到合理合法的结果”①。

第二，坚决改变那种有问题靠闹来解决的现象，引导群众有问题依靠法律来解决。习近平指出：“要引导全体人民遵守法律，有问题依靠法律来解决，决不能让那种大闹大解决、小闹小解决、不闹不解决现象蔓延开来，否则还有什么法治可言呢？”②

第三，坚决改变违法成本低、守法成本高的现象，让遵纪守法成为理性选择。习近平指出，“要坚决改变‘违法成本低、守法成本高’的现象，谁违法就要付出比守法更大的代价，甚至是几倍、十几倍、几十倍的代价”③。

第四，坚决改变好人吃亏、坏人得利的现象，充分发挥法治的惩恶扬善功能。习近平指出，“要坚持依法办事，让遵法守纪者扬眉吐气，让违法失德者寸步难行”④。《法治社会建设实施纲要（2020—2025年）》提出“推进社会诚信建设”，“完善激励机制，褒奖善行义举，形成好人好报、德者有得的正向效应”，也是法治惩恶扬善机制的重要组成部分。

---

① 习近平．论坚持全面依法治国［M］．北京：中央文献出版社，2020：50-51.

②③ 习近平．论坚持全面依法治国［M］．北京：中央文献出版社，2020：24.

④ 习近平．论坚持全面依法治国［M］．北京：中央文献出版社，2020：247.

第三节
健全社会领域制度规范

法治社会是一个充满活力、和谐有序的社会，也是一个规则治理的社会。当然，这里的规则不限于法律，还包括其他各类规则。事实上，各种规则之间的关系直接影响秩序与活力的协调。由于规则本身是多元的，不同社会问题或领域中各种规则的关系不尽一致，健全社会领域制度规范，可重点从规范多元协调整合、社会领域规范体系完善两个层面入手。

一、加快规范多元协调整合

习近平指出，“加快完善法律、行政法规、地方性法规体系，完善包括市民公约、乡规民约、行业规章、团体章程在内的社会规范体系，为全面推进依法治国提供基本遵循”，“法律和道德都具有规范社会行为、维护社会秩序的作用”①。由此，可以将调整人们行为、调节社会关系的各种规范大体区分为法律规范、社会规范、道德规范等类型。在推进规范多元协调整合的过程中，在完善法律规范的同时，需大力推进社会规范、道德规

① 习近平．论坚持全面依法治国［M］．北京：中央文献出版社，2020：112，109.

范建设及其协同。

第一，促进社会规范建设。目前我国的社会规范建设面临一些挑战。除乡规民约等传统社会规范的作用因社会变迁、人口流动和生活方式变革等原因而有所减弱以外，一些新兴的行业或领域中的社会规范发育不足。此外，社会规范不一定就是公正合理的，通过不公正不合理的社会规范侵害人们权益的现象在实践中确实存在。为此，《法治社会建设实施纲要（2020—2025 年）》提出加强社会规范供给，并要求“加强对社会规范制订和实施情况的监督，制订自律性社会规范的示范文本，使社会规范制订和实施符合法治原则和精神”，这些内容是法治社会建设的重点和难点。

第二，加强道德规范建设。“法安天下、德润人心”，德刑相辅、儒法并用是我国的传统，党和国家历来坚持依法治国和以德治国相结合。当前我国在道德规范领域面临一些新的挑战，部分是因为社会变迁下价值观念的多元化，在某些问题上难以凝聚道德共识；有的则是因为某些法律规范或社会规范不尽合理，未能促进反而损及原有道德共识。因此，一方面要弘扬传统美德善行，推进社会公德、职业道德建设，积极培育和传播新道德新风尚；另一方面则要改进法律和社会规范的内容，推进守法诚信激励机制建设，认真落实社会主义核心价值观入法入规，进而促进道德共识、强化道德实施效果。

第三，发挥法治对规范多元的协同作用。各种规范的关系并不总是协调一致的，有时会产生无序和混乱。在这种情况下，应充分发挥法治的共识凝聚作用，依靠法律协同各类规范的关系。当然，法律与其他规范的互动关系错综复杂，其他规范的存续和发展也是社会活力的重要依托，法治社会建设需要不断探索和研究法律的协同机制和方式，以确保“我国社会在深刻变革中既生机勃勃又井然有序”。

二、完善社会领域的规范体系

近来的法律多元和法社会学研究表明，各种规范并非各有作用领域，而往往是“对同一社会领域的参与”[①]。针对不同的事项和问题，各种规范之间的互动状况、关系结构及其面临的问题不尽相同。随着社会治理精细化，完善社会领域的规范体系迫在眉睫。为此，《法治社会建设实施纲要(2020—2025年)》明确提出“完善社会重要领域立法”，主要包括民生保障和改善、疫情防控与公共卫生、社会组织和城乡社区及社会工作、弘扬社会主义核心价值观的法律政策体系等四大类。当然，如前文所述，法治社会中的规范不限于法律，在完善这些重点领域的立法的同时，还应当积极发展社会规范、道德规范等其他规范形式，并协调整合法律与它们之间的关系。

随着科学技术的发展，人类社会领域不断扩充，特别是网络空间呈现出一些不同于传统社会领域的特征。多年前，有学者已注意到网络空间存在法律、社会规范、市场、架构（代码）等“多元规制格局”[②]。近年来，随着线上与线下空间的融合、平台革命和共享经济的发展，网络空间的规范体系呈现更为复杂的局面。习近平指出，“我们要本着对社会负责、对人民负责的态度，依法加强网络空间治理”[③]。《法治社会建设实施纲要(2020—2025年)》亦将“依法治理网络空间”作为一个单独部分予以强调。如何完善网络法律制度、培育良好的网络法治意识、保障公民依法安全用网等是今后一段时期内法治社会建设的重点。

---

① Sally E. Merry. Legal pluralism [J]. Law & society review, 1988, 22: 5, 878.

② Lawrence Lessig. The law of the horse: what cyberlaw might teach [J]. Harvard law review, 1999, 113: 2, 501-549.

③ 习近平．论坚持全面依法治国 [M]. 北京：中央文献出版社，2020：65.

第四节
加强权利保护

法治社会是一个公平正义、保障权利的社会。习近平指出，“要把体现人民利益、反映人民愿望、维护人民权益、增进人民福祉落实到全面依法治国各领域全过程”①。法治社会建设应始终贯彻“以人民为中心”，需要从包括法律在内的公共政策的制定、执行、适用及法律服务等方面全方位切实保障权利。

一、健全公众参与重大公共决策机制

公众参与重大公共决策，是民主的题中之义和保障权利的必然要求。对于与人民生活和现实利益密切相关的公共决策，只有建立和畅通公众参与的渠道，才能尽可能地凝聚共识，保障其公正性、正当性和科学性。当然，公共决策范围较广，公众参与机制也形式多样，在继续推进民主立法的同时，法治社会建设还应高度重视其他公共决策过程，完善和规范其他各种公众参与机制，并防范公共利益损害、对第三方侵权等可能的风险②。

---

① 习近平．论坚持全面依法治国［M］．北京：中央文献出版社，2020：2.

② 王旭．公民参与行政的风险及法律规制［J］．中国社会科学，2016（6）：117－125.

为此,《法治社会建设实施纲要(2020—2025年)》提出“没有法律和行政法规依据,不得设定减损公民、法人和其他组织权利或者增加其义务的规范”,并重点提出落实法律顾问、公职律师在重大公共决策中发挥积极作用的制度机制,健全企业、职工、行业协会商会等参与涉企法律法规及政策制定机制。

二、保障行政执法中当事人合法权益

习近平指出,“法治政府建设是重点任务和主体工程,要率先突破,用法治给行政权力定规矩、划界限,规范行政决策程序,加快转变政府职能”[①]。法定权利往往需要通过行政执法才能转化为现实权利,不依法行政或行政执法不规范则直接危害当事人权利,《法治社会建设实施纲要(2020—2025年)》从“执法行为”“执法程序”“执法方式”“人民群众监督评价机制”“产权保护统筹协调工作机制”“信息公开”等角度对行政执法如何保障权利作出了系列部署。事实上,近年来的法社会学研究表明,没有恰当的公权力介入,私人合作和民间秩序几乎难以有效形成[②]。在这个意义上,法治政府建设各项内容都与权利保障息息相关,法治社会建设与法治政府建设“相辅相成”。

三、加强对公民合法权益的司法保护

司法是公民合法权益保障的关键环节。党的十八大以来,我国持续推

---

① 习近平.论坚持全面依法治国[M].北京:中央文献出版社,2020:4.

② Tehila Sagy. What's so private about private ordering? [J]. Law & society review, 2001, 45: 4, 923.

进司法体制改革和司法责任制综合配套改革并取得明显成效，当前应继续落实相关改革措施，科学评估改革效果，巩固提升改革实效，以实现“努力让人民群众在每一个司法案件中都能感受到公平正义”①。当然，司法在国家治理中的作用并不局限于个案解决。公正高效权威的司法对于培植法律信仰、强化规则意识具有极为关键的作用，司法活动也会对其他规范及相关争端解决机制产生深远影响。因此，对于法治社会建设中权利的司法保护，可以进一步从纠纷解决、规则治理、治理正当性等角度作出更系统全面的探索和研究。

四、健全公共法律服务体系

法律服务的享有状况直接影响当事人的合法权益保障水平，这已为许多经验研究所证实。通过公共法律服务建设和供给，尽可能减少人们在法律知识、技能、资源等方面的不平等，这是切实保障权利、实现公平正义的必要举措。习近平指出，“要深化公共法律服务体系建设，加快整合律师、公证、司法鉴定、仲裁、司法所、人民调解等法律服务资源，尽快建成覆盖全业务、全时空的法律服务网络”②。为此，《法治社会建设实施纲要（2020—2025年）》从覆盖城乡、便捷高效、均等普惠的现代公共法律服务体系建设等多个方面作出了详细规划。在这些规划的实施过程中，有两个问题值得高度重视。其一，需求与供给的关系协调。在增强法律服务专业力量、健全公民权利救济渠道和方式的同时，应尽量避免逆向刺激法律消费。其二，各类公共法律服务资源之间的协调整合。例如，司法行政

① 习近平．论坚持全面依法治国［M］．北京：中央文献出版社，2020：17.
② 习近平．论坚持全面依法治国［M］．北京：中央文献出版社，2020：249.

部门主导的公共法律服务体系与最高人民法院主导的诉讼服务体系的协同整合还有待加强①。

第五节 推进社会治理法治化

法治社会建设涉及诸多价值目标，各类治理主体、机制和环节的关系错综复杂，迫切需要社会治理法治化，实现“坚持在法治轨道上统筹社会力量、平衡社会利益、调节社会关系、规范社会行为”②。社会治理法治化的核心在于健全完善治理体系，主要包括社会治理体制机制、多层次多领域依法治理、社会安全体系、纠纷多元化解体系等内容。前两者主要涉及治理体系的横向和纵向结构，后两者则聚焦平安、和谐等社会运作基本要求。

一、完善社会治理体制机制

自 2013 年党的十八届三中全会首次提出“社会治理”概念以来，我国不断探索和完善社会治理体制机制。2019 年，党的十九届四中全会提

① 杨凯．论公共法律服务与诉讼服务体系的制度协同［J］．中国法学，2021（2）：264－284．

② 习近平．论坚持全面依法治国［M］．北京：中央文献出版社，2020：104．

出，“完善党委领导、政府负责、民主协商、社会协同、公众参与、法治保障、科技支撑的社会治理体系，建设人人有责、人人尽责、人人享有的社会治理共同体”。在法治社会建设过程中，需要进一步构建完善党委、政府、社会、公众等各司其职的体制机制，厘定不同主体在社会治理中的关系，强化法治在其中的规范和保障作用，充分运用科技手段提升整合效应和治理效能。

值得注意的是，《法治社会建设实施纲要（2020—2025年）》在提出“完善社会治理体制机制”的同时，着重强调“发挥人民团体和社会组织在法治社会建设中的作用”。人民团体是党和政府联系人民群众的桥梁和纽带，各类社会组织是实现社会自我管理的重要治理主体。2015年中共中央印发《关于加强和改进党的群团工作的意见》，中共中央办公厅、国务院办公厅印发《行业协会商会与行政机关脱钩总体方案》，2016年中共中央办公厅、国务院办公厅印发《关于改革社会组织管理制度促进社会组织健康有序发展的意见》，为理顺政府治理和社会调节的关系奠定了基本框架。法治社会建设需认真贯彻这些改革措施，及时评估总结经验，以实现“法治、德治、自治相结合”“社会治理共建共治共享”的目标。

二、推进多层次多领域依法治理

社会生活涉及不同领域，也存在不同层级，推进多层次多领域依法治理是加快法治社会建设的题中之义。《中共中央关于全面推进依法治国若干重大问题的决定》和《法治社会建设实施纲要（2020—2025年）》对此作出明确规定。针对“多领域”依法治理，习近平在党的十八届四中全会第二次全体会议上的讲话中指出，需要重点解决教育、就业、收入分配、社会保障、医药卫生、住房、互联网管理、安全生产、食品药品安全、信访工作、生态环境等突出问题或难题[1]。《法治社会建设实施纲要（2020—2025 年）》还提出，依法妥善处置涉及民族、宗教等因素的社会问题，促进民族关系、宗教关系和谐。

“多层次”主要包括社区、乡镇、县域、市域以及基层单位、行业等。《法治社会建设实施纲要（2020—2025 年）》对此有相应的明确规范，包括但不限于以下内容：（1）市域社会治理现代化，推进市域治理创新，依法加快市级层面实名登记、社会信用管理、产权保护等配套制度改革；（2）城乡社区依法治理，在党组织领导下实现政府治理和社会调节、居民自治良性互动，加强基层群众性自治组织规范化建设等；（3）法治乡村建设，健全村级议事协商制度，鼓励农村开展村民说事、民情恳谈等活动，实施村级事务阳光工程；（4）基层单位依法治理，企业、学校等基层单位普遍完善业务和管理活动各项规章制度，建立运用法治方式解决问题的平台和机制；（5）行业依法治理，推进业务标准程序完善、合法合规审查到位、防范化解风险及时和法律监督有效的法治化治理方式。

三、建立健全社会安全体系

习近平指出，“平安是老百姓解决温饱后的第一需求，是极重要的民生，也是最基本的发展环境”[2]。建立健全社会安全体系既是平安中国建设的重要任务，也是法治社会建设的重要基础。当前我国面临的维护国家安

---

① 习近平．论坚持全面依法治国［M］．北京：中央文献出版社，2020：103.

② 中共中央文献研究室．习近平关于社会主义社会建设论述摘编［M］．北京：中央文献出版社，2017：148.

全和社会稳定的任务仍十分繁重艰巨，传统安全与非传统安全态势较为严峻。《法治社会建设实施纲要（2020—2025 年）》提出“加快对社会安全体系的整体设计和战略规划”，并从完善平安中国建设协调机制和责任分担机制、推动扫黑除恶常态化、强化突发事件应急体系建设、健全社会心理服务体系和疏导机制及危机干预机制等多方面提出诸多举措来增强社会安全感。值得注意的是，党的十九届五中全会提出“坚持总体国家安全观”，新时代的国家安全涵盖政治、经济、文化、社会、网络等多个领域，社会安全体系建设也应当放在总体国家安全中予以整体把握和系统推进。

四、健全完善纠纷多元化解体系

纠纷的性质、数量及其解决机制和效果是社会治理的晴雨表。党的十八大以来，纠纷多元化解的战略地位不断提升，党的十九届五中全会提出“构建源头防控、排查梳理、纠纷化解、应急处置的社会矛盾综合治理机制”。习近平多次强调要完善预防性法律制度，坚持和发展新时代“枫桥经验”，促进社会和谐稳定[①]。在此过程中，矛盾化解和纠纷解决的顶层设计不断增强。2015 年，中共中央办公厅、国务院办公厅出台《关于完善矛盾纠纷多元化解机制的意见》，最高人民法院以及许多地方都出台了专门文件或地方性法规。2021 年中央全面深化改革委员会第十八次会议审议通过的《关于加强诉源治理推动矛盾纠纷源头化解的意见》提出，“把非诉讼纠纷解决机制挺在前面”，“加强矛盾纠纷源头预防、前端化解、关口把

① 习近平．论坚持全面依法治国［M］．北京：中央文献出版社，2020：4.

控，完善预防性法律制度，从源头上减少诉讼增量”[①]。由此可见，我国纠纷多元化解体系的基本轮廓已形成。接下来，一方面，需要按照已有部署积极推进各种民间性、行政性、司法性解纷机制建设，不断细化顶层设计、充实基本轮廓，根据社会实际需要和条件、成本和效益进行调适；另一方面，需要注意各种解纷机制之间的复杂互动，通过各种结构性调整尽量减少可能的冲突和损耗，努力实现“有机衔接、相互协调”的目标。

① 习近平主持召开中央全面深化改革委员会第十八次会议强调 完整准确全面贯彻新发展理念 发挥改革在构建新发展格局中关键作用 [N]. 人民日报，2021-02-20 (1).

第七章

建设严密的法治监督体系

纵观人类政治文明史，权力是一把双刃剑，在法治轨道上行使可以造福人民，在法律之外行使则必然祸害国家和人民。没有制约和监督的权力必然导致权力滥用和腐败，这是一条铁律。建设中国特色社会主义法治体系，必须建设严密的法治监督体系，构建党统一领导、全面覆盖、权威高效的法治监督体系，健全权力运行的制约监督体系，切实加强对法治工作的监督。

第一节
构建中国特色法治监督体系

法治监督体系是党在长期执政条件下实现自我净化、自我完善、自我革新、自我提高的重要制度保障。建设严密的法治监督体系，必须规范立法、执法、司法机关权力行使，健全党统一领导、全面覆盖、权威高效的监督体系，增强监督的严肃性、协同性、有效性，形成决策科学、执行坚决、监督有力的权力运行机制，确保党和人民赋予的权力始终用来为人民谋幸福。

一、法治监督体系的基本特征

一是党统一领导。中国共产党是中国特色社会主义的领导核心，处在总揽全局、协调各方的地位。中国共产党领导是中国特色社会主义最本质的特征，是中国特色社会主义制度的最大优势。党政军民学，东西南北中，党是领导一切的，是最高的政治领导力量。中国共产党是执政党，党的领导是做好党和国家各项工作的根本保证。坚持党的领导，最根本的是坚持党中央权威和集中统一领导。坚持和完善党和国家监督体系，必须加强党的统一领导，充分发挥党总揽全局、协调各方的领导作用。

二是全面覆盖。全面覆盖意味着对所有党员干部和行使公权力的国家公职人员的监督全面覆盖，对权力运行和约束的监督全面覆盖。要把党内监督同国家机关监督、民主监督、司法监督、群众监督、舆论监督贯通起来。以党内监督为主导，推动各类监督有机贯通、相互协调，努力形成科学有效的权力运行制约和监督体系，增强监督合力和实效。

三是权威高效。要完善党内监督体系，落实各级党组织监督责任，保障党员监督权利。重点加强对高级干部、各级主要领导干部的监督，完善领导班子内部监督制度，破解对“一把手”监督和同级监督难题。“一把手”权力集中、责任重大、岗位关键，容易变成“一霸手”。其违纪违法最易产生催化、连锁反应，甚至造成区域性、系统性、塌方式腐败。2021年3月出台的《中共中央关于加强对“一把手”和领导班子监督的意见》，专门破解“一把手”监督难题。

二、健全权力运行的制约监督体系

建设严密的法治监督体系，推进对法治工作的全面监督，必须健全权力运行的制约监督体系，加强对权力运行的制约和监督，让人民监督权力，让权力在阳光下运行，把权力关进制度的笼子，做到有权必有责、用权受监督、违法必追究。

一是加强对立法权的监督。建立健全立法监督工作机制，完善监督程序。推进法律法规规章起草征求人大代表、政协委员意见工作。依法处理国家机关和社会团体、企业事业组织、公民对法规规章等书面提出的审查要求或者审查建议。加强备案审查制度和能力建设，实现有件必备、有备必审、有错必纠。

二是加强对执法权的监督。坚决排除对执法活动的非法干预，坚决防止和克服地方保护主义和部门保护主义，坚决防止和克服执法工作中的利益驱动，坚决惩治腐败现象。加大对执法不作为、乱作为，选择性执法，逐利执法等有关责任人的追责力度，落实行政执法责任制和责任追究制度。完善行政执法投诉举报和处理机制。加强和改进行政复议工作，强化行政复议监督功能，加大对违法和不当行政行为的纠错力度。

三是加强对监察权的监督。“善禁者，先禁其身而后人；不善禁者，先禁人而后身。”习近平指出：“监察权是把双刃剑，也要关进制度的笼子，自觉接受党和人民监督，行使权力必须十分谨慎，严格依纪依法”；“坚决不能滥用职权、以权谋私，特别是不能搞选择性监督、随意执纪调查、任性问责处置”[①]。

四是加强对司法权的监督。习近平指出，“法官、检察官要有审案判案的权力，也要加强对他们的监督制约，把对司法权的法律监督、社会监督、舆论监督等落实到位，保证法官、检察官做到‘以至公无私之心，行正大光明之事’，把司法权关进制度的笼子”[②]。这就要求，健全政法部门

① 习近平．论坚持全面依法治国［M］．北京：中央文献出版社，2020：244.

② 习近平．论坚持全面依法治国［M］．北京：中央文献出版社，2020：147－148.

分工负责、互相配合、互相制约机制，通过完善的监督管理机制、有效的权力制衡机制、严肃的责任追究机制，加强对司法权的监督制约，最大限度减少权力出轨、个人寻租的机会。完善刑事立案监督和侦查监督工作机制，健全民事、行政检察监督。

第二节 健全法治监督机制

一、完善党对法治工作的监督机制

虽然法理学教科书承认党的监督在法律监督体系中占有十分重要的地位，但按照以往关于国家监督和社会监督的二分法，通常将党的监督归入社会监督的范畴[①]。在中国共产党长期执政的体制下，这种处理方式显然是不妥当的。监察法等法律已将党的机关视为公权力主体，将党的机关工作人员归入公职人员。因此，党的监督不同于普通社会主体的监督，而是公权力主体的监督。在监督过程中，党的机关不仅可以直接对违反党纪的党组织和党员予以纪律处分，而且可以推动国家机关依法追究违法单位和人员的法律责任。可以说，党对法治工作的监督，是一种中国模式的“以

① 朱景文．法理学［M］．3 版．北京：中国人民大学出版社，2015：358.

权力制约权力”机制。

相对于其他权力制约监督形式来说，党的监督具有以下几个方面的优势：第一，党组织对行使立法执法司法权的党员的监督是全方位监督。既包括8小时之内的监督又包括8小时之外的监督，既包括对履行公职行为的监督又包括对私生活行为的监督。第二，党组织对行使立法执法司法权的党员的监督是更高标准的监督。党纪严于国法，党纪对党员提出了高于国法对普通公民和普通公职人员的要求。因而，依据党纪的监督是一种更严标准的监督。第三，党组织的监督更侧重于事先提醒教育，而非事后查错问责。根据党的十八大以后提出的监督执纪“四种形态”理论，对党员的监督重在抓早抓小、防微杜渐、治病救人，防止由小错到大错、由违纪到违法。从这几方面看，党的监督可以起到弥补其他监督形式的盲点和不足的作用，从而和其他监督形式共同构成一张权力制约监督的天罗地网。

近年来，党的监督在法治监督体系中的地位越来越重要，其规范性、权威性、公信力不断提升。2019年颁布实施的《中国共产党政法工作条例》，以党内基本法规的形式对党委、党委政法委、政法机关党组（党委）如何监督执法司法工作作出了明确规定，在推进党的监督的规范化和制度化上迈出了重要一步。近几年，中央政法委通过依法依规行使监督权，推动执法司法工作取得了重要成效。例如，对扫黑除恶专项斗争中暴露出来的云南孙小果案、湖南操场埋尸案等“骨头案件”“重点案件”进行挂牌督办，推动这些案件得到了依法及时处理①。会同中央有关部门，对最高人民法院“凯奇莱案”卷宗丢失、山东任城监狱新冠疫

① 攻克8万件积案命案！多年想破而未能侦破的案件是如何昭雪的？［EB/OL］.（2020－10－09）［2020－10－20］. https：//www. thepaper. cn/newsDetail _ forward _ 9494192.

情等事件进行调查，不仅还公众以事实真相，而且推动有关部门完善了相关管理制度。

加强党对法治工作的监督无疑是健全法治监督体系的头等大事。中央政法委提出："强化执法司法制约监督，最根本的是强化党的领导监督，最关键的是发挥好各级党委、党委政法委、政法单位党组（党委）的主体作用。"[①] 在强化党的监督的同时，更应注重推进党的监督的科学化、规范化、法治化，做到监督有制、监督有序、监督有度。

第一，进一步完善党的监督法规制度，推进党的监督法治化。尽管《中国共产党党内监督条例》《中国共产党政法工作条例》等党内法规对党委、党委政法委、政法单位党组（党委）等监督制度作出了明确规定，但不少规定都较为原则、概括，需要制定一系列配套党内法规，进一步使之程序化、精细化、规范化。例如，《中国共产党政法工作条例》确立了党委政法委政治督察、执法监督、纪律作风督查巡查、派员列席政法单位党组（党委）民主生活会、听取委员述职等监督形式，赋予了党委政法委约谈、通报、挂牌督办、协助党委和纪检监察机关审查调查等监督手段[②]。为保证各级党委政法委依规有序运用好这些监督形式和手段，进一步提高监督工作质效，有必要制定一部党委政法委监督工作条例，明确各类监督形式和手段运用的主体、条件、程序、责任等事项，构建起科学严密、规范有序的监督体系。

第二，依法依规处理好党组织的监督和其他监督的关系，防止以党的

---

① 中央政法委：加快推进执法司法制约监督体系改革和建设［EB/OL］．（2020－08－27）［2020－09－25］．https：//www.thepaper.cn/newsDetail_forward_8900902.

② 参见《中国共产党政法工作条例》第12条第7项、第32条第2项、第33条第2款、第35条。

监督取代其他法定监督形式。以法院的内部监督为例，既有党内法规所规定的法院党组织的监督，又有国家法律所规定的院庭长、审判委员会的监督等监督形式。在加强法院党组织的监督的过程中，应依法依规正确处理这几种监督形式的关系，做到合理分工、相辅相成、相得益彰，确保党的路线方针政策和宪法法律正确统一实施。在监督对象上，党组织的监督重点应放在对人的监督上，即对党员干部的纪律作风的监督上。《中国共产党政法工作条例》第 15 条第 5 项规定，政法单位党组（党委）“履行全面从严治党主体责任，加强本单位或者本系统党的建设和政法队伍建设”。《中国共产党支部工作条例（试行）》第 10 条第 8 项规定，各级国家机关中的党支部“围绕服务中心、建设队伍开展工作，发挥对党员的教育、管理、监督作用，协助本部门行政负责人完成任务、改进工作”。这些党内法规都把党组织的监督定位于对人的监督上。院庭长和审判委员会的监督重点应放在对审判工作的监督上，防范纠正司法错误和瑕疵。《人民法院组织法》第 37 条第 1 款第 2、3 项规定，审判委员会“讨论决定重大、疑难、复杂案件的法律适用”，“讨论决定本院已经发生法律效力的判决、裁定、调解书是否应当再审”。第 41 条规定，法院院长“负责本院全面工作，监督本院审判工作，管理本院行政事务”。可见，《人民法院组织法》将院长、审判委员会的监督定位在对审判工作的监督上。合理区分党的监督和其他监督形式的监督对象、范围、方式，有利于更好发挥各类监督形式的功能，形成监督合力。

第三，防止以党的监督为名非法插手干预案件，保证执法司法机关依法公正行使法定职权。法院、检察院依照法律规定独立行使审判权、检察权，不受行政机关、社会团体和个人的干涉，是中国宪法关于司法制度的基石性宪制设计。党的十八大以来，以习近平同志为核心的党中央把落实这一基石性宪制设计作为法治中国建设特别是司法体制改革的重点任务。习近平指出："每个党政组织、每个领导干部，就必须服从和遵守宪法法律，就不能以党自居，就不能把党的领导作为个人以言代法、以权压法、徇私枉法的挡箭牌。"① 党的十八届四中全会对"完善确保依法独立公正行使审判权和检察权的制度"作出了制度设计，提出"各级党政机关和领导干部要支持法院、检察院依法独立公正行使职权"，"任何党政机关和领导干部都不得让司法机关做违反法定职责、有碍司法公正的事情，任何司法机关都不得执行党政机关和领导干部违法干预司法活动的要求"②。这实际上是确立了党组织和党员领导干部不得违法干预司法活动的原则，拓展了宪法关于法院、检察院依法独立行使审判权、检察权的制度内涵。2015 年中共中央办公厅、国务院办公厅印发了《领导干部干预司法活动、插手具体案件处理的记录、通报和责任追究规定》，对党员干部非法干预插手司法活动划出了红线、明确了处理办法。这一制度实施后，中央政法委、最高人民检察院等先后通报了一批领导干部干预插手司法活动的典型案例，对于防范遏制这类现象起到了较好作用③。不过，这类制度主要适用于司法领域，而不适用于行政执法领域。对于量大面广的行政执法活动而言，以监督之名进行非法干预的现象更容易发生。《中国共产党纪律处分条例》

---

① 中共中央文献研究室．习近平关于全面依法治国论述摘编［M］．北京：中央文献出版社，2015：37.

② 中共中央关于全面推进依法治国若干重大问题的决定［N］．人民日报，2014－10－29（3）.

③ 郭洪平．中央政法委通报 5 起干预司法活动、插手具体案件处理典型案件［N］．检察日报，2015－11－07（1）；郭洪平．中央政法委通报 7 起干预司法活动、插手具体案件处理典型案件［N］．检察日报，2016－02－02（2）；巩宸宇．最高检首次通报落实"三个规定"情况［N］．检察日报，2020－05－07（1）.

对这种现象作出了回应[①]。因此，可借鉴司法领域的成功经验，建立领导干部插手过问执法工作的记录、通报和责任追究制度，坚决防范非法干预现象的发生。

二、完善法治工作机构互相制约监督机制

法治工作机构之间的互相制约，是标准意义上的“以权力制约权力”机制。与以权利制约权力机制相比，以权力制约权力机制是一种地位更对等、信息更对称、手段更有力的制约形式，因而更有利于防范和纠正执法司法问题。从新中国 70 余年法治建设来看，政法领域是最早明确承认以权力制约权力机制的公权力领域。彭真在 1954 年就明确指出，公安机关、检察院、法院之间的关系是“互相配合、互相制约、互相监督”，“比较容易保证既不使坏分子漏网，又不冤枉好人”[②]。后来，公检法三机关分工负责、互相配合、互相制约的原则先后写进宪法、刑事诉讼法以及党内文件。改革开放以后，互相制约原理的适用范围从公检法三机关扩展到所有政法机关，从刑事诉讼领域扩大到整个政法工作领域。党的十八届四中全会提出，健全公安机关、检察机关、审判机关、司法行政机关各司其职，侦查权、检察权、审判权、执行权相互配合、相互制约的体制机制[③]。2018 年修正后的《宪法》第 127 条第 2 款规定：“监察机关办理职务违法和职务犯罪案件，应当与审判机关、检察机关、执法部门互相配合，互相制约。”这意味着，互相制约原理的适用范围已超越政法工作领域，扩展

---

① 《中国共产党纪律处分条例》第 127 条，对党员领导干部违反有关规定干预和插手执法活动，向有关地方或者部门打听案情、打招呼、说情等情况，规定了相应的纪律处分。

② 彭真．论新中国的政法工作［M］．北京：中央文献出版社，1992：100.

③ 中共中央关于全面推进依法治国若干重大问题的决定［N］．人民日报，2014-10-29（3）.

到监察机关、执法机关、司法机关之间的关系上。

改革开放以来，中国政法领域改革的基本方向是强化政法机关之间的互相制约监督。1983 年政法体制大改革时，劳改劳教工作由公安机关移交司法行政机关，改变了公安机关包揽侦查、拘留、预审、劳改、劳教的局面，体现了政法机关之间适当分权的精神①。1996 年《刑事诉讼法》修改时，强化了检察院的法律监督权，增设了检察院对公安机关立案的监督权和对法院违反法定程序的审判活动的监督权②。2014 年以来推进的以审判为中心的刑事诉讼制度改革的重要目标，就是强化刑事诉讼后一环节对前一环节的制约作用，特别是发挥好审判环节的决定性作用，防止发生“起点错、跟着错、错到底”的问题。

当前，强化法治工作机构之间的互相制约监督，依然是中国法治领域改革特别是政法领域改革的重点任务。

第一，优化职权配置。合理划分和配置权力，是强化权力制约监督的前提条件。长期以来，由公安机关管理看守所，形成了侦押一体的体制，容易滋生以押促侦、诱供逼供、超期羁押等问题。在这方面，可总结 1983 年监狱划归司法行政机关管理的成功经验，探索将看守所从公安机关管理转由司法行政机关管理，推动侦查权与羁押权的分离，通过外部制约更好保障在押犯罪嫌疑人的权利。

第二，健全互相制约监督的激励机制。与以维护自身利益为动机的私权利主体监督相比，履行职务行为的公权力主体往往缺乏制约监督权力的利益动机。而且，法治工作机构之间的互相制约，例如公检法之间的互相

① 郭建安，郑霞泽．社区矫正通论［M］．北京：法律出版社，2004：363.

② 陈光中，曾新华．中国刑事诉讼法立法四十年［J］．法学，2018（7）：30.

制约，往往发生在有协作关系，甚至是熟人关系的圈子内，容易产生做老好人、怕得罪人的不愿制约监督的心理。因此，如果不解决以权力制约权力的激励机制缺位问题，人们所期待的互相制约并不会在这些国家机关之间自动发生①。从目前情况看，责任制可能是最有效的激励机制。在刑事诉讼中，实行谁办案谁负责的司法责任制，有利于激励各机关办案人员积极发现纠正前一办案环节的错误，防止别人的错误变成自己的错误。

第三，落实检察机关作为法律监督机关的宪制设计。在法治监督体系中，检察机关居于重要地位。在中国宪制结构和法治体制下，检察机关是国家的法律监督机关。这里所说的“法律监督”，主要是指对执法司法活动的监督。加强检察机关对执法司法活动的监督，让检察机关成为名副其实的法律监督机关，乃是全面推进依宪治国、落实检察机关宪制定位的必然要求。党的十八大以来，检察体制改革的一个重要方向，就是推动检察机关回归法律监督机关的宪制定位。这包括：剥离检察机关反腐败相关职能，赋予检察机关提起公益诉讼的职权，强化检察机关监督行政执法行为的职能，构建以刑事、民事、行政、公益诉讼“四大检察”为框架的法律监督格局。不过，民事检察、行政检察传统上一直是检察监督的短板，公益诉讼检察仍是一种成长中的检察监督形式，都有待做实做强。中央政法委提出，推动检察机关法律监督职能进一步强化②。检察机关强化法律监督的重点任务包括：一是以维护司法公正为目标，加强对司法活动全过程的监督，确保侦查机关、审判机关、执行机关在诉讼中依法履职，让每一

① 黄文艺．中国政法体制的规范性原理［J］．法学研究，2020（4）：13.

② 中央政法委：加快推进执法司法制约监督体系改革和建设［EB/OL］．（2020－08－27）［2020－09－25］．https：//www.thepaper.cn/newsDetail_forward_8900902.

个案件都经得起法律和历史的检验。二是以督促依法行政为目标，聚焦人民群众反映强烈的重点执法领域，加强对执法不作为、逐利性执法、选择性执法等问题的监督，推动提高严格规范公正文明执法水平。三是以推进人权保障为目标，加强对未成年人、老年人、妇女、残疾人、精神病患者、农民工、贫困者等弱势群体的权利保护，加强对行政处罚相对人、犯罪嫌疑人、在押人员、服刑人员、社区矫正人员等涉法涉诉人员的权利保护，推动提高执法司法人权保障水平。

三、完善法治工作机构内部制约监督机制

法治工作机构内部制约监督机制，是以权力制约权力的重要形式，也是防止法治权力滥用的重要防线。相对于其他制约监督机制，这一制约监督机制具有以下几个特点：一是源头性。这是法治工作机构自我约束、自我监督机制。如果内部制约监督机制能够有效运转，就能够从源头上防范法治工作问题的产生，从而减少外部制约监督机制的介入。二是流程性。内部制约监督往往嵌入立法执法司法工作流程中，并通过实施重要节点的程序控制来进行，有利于把法治工作错误和瑕疵消除在流程之中。三是专业性。内部制约监督是由法治工作机构专业人员依据专业标准和方法所实施的专业监督，能够作出专业判断，精准发现和妥善处理问题。四是及时性。内部制约监督作为一种自我纠错机制，有利于第一时间发现问题，把问题解决在萌芽状态。

加强法治工作机构内部制约监督，是党的十八大以来国家权力监督的重要特点。党的十八届四中全会强调，“加强对政府内部权力的制约，是

强化对行政权力制约的重点”，“明确司法机关内部各层级权限，健全内部监督制约机制”[①]。法治工作机构内部制约监督可分为系统内部的层级监督和机关内部的制约监督两种形式。

层级监督是法治工作机构自上而下的监督形式，“是最管用、最有效的监督方式”[②]。不过，由于不同法治工作机构上下层级的关系有所区别，层级监督的方式亦有所差异。总体上看，目前层级监督存在着“干预过度与监督虚置并存”[③] 的问题，即对下级机关人财物等事项管得多，而对下级机关执法办案活动的依法监督纠错少。一些冤错案件的发生，对一些涉黑涉恶犯罪长期放任不管，不只是首办环节出了问题，也与层级监督环节失灵失效有密切关系。因此，应进一步健全法治工作机构系统内部各类有关层级监督的法律制度，如行政复议、行政督查、审判监督、涉诉涉法信访等制度，畅通法定的层级监督渠道，构建起依法有序、上下贯通、及时纠错的层级监督体系。建立健全层级监督的法纪责任，对下级机关违法违规行使职权的行为，应发现纠正而没有发现纠正的，依法依纪追究负有层级监督职责的上级机关和人员的责任，倒逼其依法履职尽责。

法治工作机构内部制约监督是一种越来越受重视的监督形式。中央层面已提出了一系列加强内部制约监督的政策措施，诸如决策权、执行权、监督权科学划分和互相制约，健全分事行权、分岗设权、分级授权、定期轮岗制度。中央政法委提出，不断完善政法系统内部制约和流程控制机

---

① 中共中央关于全面推进依法治国若干重大问题的决定［N］. 人民日报，2014－10－29（3）.

② 陈一新：“制约监督”让执法司法权不任性［EB/OL］.（2020－09－19）［2020－09－25］. http：//www. chinapeace. gov. cn/chinapeace/c100007/2020－09/19/content _ 12395548. shtml.

③ 杨伟东 . 关于创新行政层级监督新机制的思考［J］. 昆明理工大学学报（社会科学版），2008（1）：40.

制，让内部监督“长出牙齿”①。从监督者与被监督者的关系看，内部制约监督可分为纵向制约监督和横向制约监督。纵向制约监督是指有法定管理权的组织和人员对执法司法活动的监督管理，例如，法院审判委员会、院庭长对审判活动的监督管理。实行司法责任制后，出现了院庭长不愿监督、不敢监督、不会监督的问题②。《最高人民法院关于完善人民法院司法责任制的若干意见》明确了院庭长的监督管理职责，并列出了应予监督的4类案件③。最高人民法院提出，深入推动“一案双查”工作，对不认真履行监督管理职责导致发生法官严重违纪违法案件的院庭长要坚决问责，以强有力的问责推动领导干部切实担负起对法官的监督管理责任④。横向制约监督体现为各个内设机构及其人员在执法司法过程中的相互制约监督。新一轮司法改革的一项重要内容，就是通过优化内部职权配置、深化内设机构改革，强化内设机构之间的横向制约监督。近年来，公安机关推行的统一刑事案件审核、统一刑事案件出口的“两统一改革”，进一步强化了法制部门对其他部门办理的刑事案件的审核监督权。

在健全内部制约监督机制时，应正确处理好加强制约和提高效率的矛盾问题。加强制约，通常要求分事行权、分岗设权，把可分解的权力分离开来，由不同部门或岗位的人员行使。其弊端在于，权力运行环节增多，

① 陈一新：“制约监督”让执法司法权不任性［EB/OL］.（2020-09-19）［2020-09-25］. http：//www.chinapeace.gov.cn/chinapeace/c100007/2020-09/19/content_12395548.shtml.

② 周强．最高人民法院工作报告：2017年3月12日在第十二届全国人民代表大会第五次会议上［N］. 人民日报，2017-03-20（3）.

③ 这4类案件包括：（1）涉及群体性纠纷，可能影响社会稳定的；（2）疑难、复杂且在社会上有重大影响的；（3）与本院或者上级法院的类案判决可能发生冲突的；（4）有关单位或者个人反映法官有违法审判行为的。

④ 周强．认真学习贯彻十九届中央纪委四次全会精神 推动全面从严治党从严治院向纵深发展［N］. 人民法院报，2020-01-22（1）.

工作效率下降。与此同时，提高效率，通常要求一类事项原则上由一个部门统筹、一件事情原则上由一个部门负责，推进机构精简整合，防止机构重叠、职能重复、工作重合。其弊端在于，容易导致权力集中，削弱内部制约监督。长期困扰检察工作的“捕诉合一”和“捕诉分开”之争的争点，就在于对这两种价值目标的抉择。捕诉分开“优势是有内部制约，捕错了不一定诉”，“但是有一个效率的问题”，即“捕的时候熟悉了的案件，诉的时候是一个全新的案件，重新熟悉肯定影响效率”[①]。实行捕诉合一，由同一个办案组同时办理一个案件的批捕和起诉工作，优势在于提高办案效率，但缺陷在于缺失内部制约。当前，在推进捕诉合一改革时，应兼顾加强制约的目标，防止捕错之后跟着诉错。

值得指出的是，法治工作机构内部横向制约监督，容易受到权力关系、熟人关系等内部因素的干扰，走向淡化弱化甚至扭曲变形。拿权力关系来说，领导干部依管理职权实施的显性或隐性干预，就很容易冲毁原本设计好的制约监督堤坝。特别是当一个领导同时分管具有制约关系的几个部门时，如一个副检察长同时分管侦监科、公诉科时，就容易稀释制度设计所期望的制约功能。因此，要健全内部制约监督机制，不仅要科学分解和配置权力，设计出严谨严密的制约监督机制，更重要的是筑牢防范各种内部关系干扰的“防火墙”。党的十八届四中全会提出的司法机关内部人员过问案件的记录和责任追究制度，有利于防止内部关系对制约监督机制的干扰。2015 年以来，中央政法委和中央政法各单位先后出台了建立健全这一制度的相关文件，取得了较好的成效。

---

① 国新办举行 2019 年首场新闻发布会 最高检领导就内设机构改革答记者问［N］. 检察日报，2019－01－04（1）.

四、完善法治工作社会监督机制

对立法执法司法权的社会监督，是一种以人民群众为主体的监督形式，体现了以权利制约权力的原理。权为民所赋、权为民所用、权受民监督，是马克思主义权力观的核心要义。在社会主义监督传统中，人民群众监督是一种极为重要的监督形式。从革命根据地开始，中国共产党就注意依靠群众、发动群众监督党员干部行使权力的行为。与其他监督形式相比，社会监督具有以下突出特点：一是监督主体的广泛性。人民群众监督是一种人数众多、无所不在的监督力量。作为执法司法工作的当事者、旁观者，他们能够获得第一手信息，也最有发言权，可以有效弥补党和国家专门监督力量不足、线索信息稀缺的问题。二是监督动机的有效性。执法司法工作往往关涉人民群众的切身利益，牵动社会公众的神经。只要保持监督渠道畅通，无须设计激励机制，社会公众就有足够的动力去监督执法司法权的行使。三是监督管道的多元性。社会公众可以通过信访申诉机构、互联网、新闻媒体等渠道，以信件、电话、电邮、微信等方式，表达或反映监督意见。四是监督效果的刚性化。随着社会环境改变和监督体制完善，社会监督正在从软性监督机制向刚性监督机制转化。在移动互联网时代，线上线下、虚拟现实、体制内外等界限日益模糊，公共舆论场的社会动员能量越来越大，已发展为威力无比的社会监督机制。特别是一些关系百姓民生大计的热点案事件，往往会引发舆论场的群情激奋，甚至酿成震撼力、杀伤力很强的公共舆论事件。

在社会监督中，当事人及其律师的监督尤为重要。当事人及其律师作为执法司法活动的利害关系人、现场见证者，既掌握监督所必要的信息，又拥有实施监督的强大动力，往往是执法司法活动的最有效监督者。当执法司法活动是对利益纷争进行处理时，双方当事人都可进行监督，这种监督具有对等性、平衡性。律师作为法律的行家里手，对执法司法活动的监督更专业、更到位。律师在执法司法每一个细节上较真，在办案全过程各个环节上挑毛病，在法律文书的字里行间找漏洞，有利于提高执法司法的精确性、公正性。加强当事人及其律师对执法司法活动的监督，关键是充分保障当事人在执法司法过程中的知情权、陈述权、辩论权、申请权、申诉权等权利，严格依法保障律师在执法司法过程中会见、阅卷、收集证据、质证、辩论、投诉等执业权利。中央政法委高度重视加强当事人及其律师监督制度建设，提出了一系列具体举措，包括：健全律师执业权利保障制度，建立健全执法司法人员与律师互督互评机制；深化刑事案件律师辩护全覆盖试点，落实律师投诉受理、会商机制；健全检察机关听证审查制度；落实公安机关执法告知制度；健全减刑、假释等案件信息及时向在押服刑犯人及其家属公开的制度机制；完善当事人案件回访、问题反映及满意度评价等机制。[①] 落实好这些改革举措，将有利于更好保障当事人及其律师的监督权。

人民陪审员、人民监督员制度为公民深度参与和监督司法开辟了正规化、制度化渠道。人民陪审员作为“不穿法袍的法官”，按照民情民智民意判断案件事实，有利于实现法律正义与社会正义、法治逻辑与生活经验的融合。人民监督员制度是检察机关破解“谁来监督监督者”难题之策，也是检察机关自觉接受社会监督之举。新一轮司法改革在完善人民陪审

① 中央政法委：加快推进执法司法制约监督体系改革和建设［EB/OL］.（2020-08-27）［2020-09-25］. https：//www.thepaper.cn/newsDetail_forward_8900902.

员、人民监督员制度上推出了一系列改革举措，如人民陪审员只参与事实认定，不参与法律适用，取得了较明显的成效。但是，人民陪审员陪而不审、人民监督员监而不督等问题，仍有待持续发力解决。对此，需进一步完善人民陪审员参审案件范围、庭审程序、评议规则，明确人民监督员参与检察机关办案活动的案件范围、程序、权利、责任，更好发挥其监督作用。

执法司法信息全面公开是加强社会监督的前提条件。在新发展格局下，执法司法机关应适应社会公众对信息公开的更高期待，依法依规推进执法司法信息全方位、全过程公开，让暗箱操作没有空间、腐败无处藏身。目前，执法司法信息公开存在不规范、不充分、不对路、不及时等问题。对此，应坚持以受众需求为导向，完善执法司法信息发布内容、形式、技术等方面的标准，提高信息公开精准性和实效性。坚持以及时公开为目标，加快执法司法信息公开平台建设，健全信息实时推送和对外发布制度，让当事人和社会公众同步了解执法司法情况。坚持以过程公开为重点，依法向当事人或社会公众公开执法司法活动视频，让执法司法正义成为看得见的正义，经得起视频晾晒、公众围观。

社会监督只有同党和国家监督有效对接衔接，才能充分发挥其强大威力。社会监督主要体现为人民群众向有关机构提出申诉、检举、控告，向有关部门举报、信访、反映问题，通过新闻媒体、互联网提出批评监督意见，等等。这些社会监督形式能否起作用，有赖党和国家监督机制保持开放畅通，能够及时回应和处置社会监督所提出的问题。同时，党和国家监督机制能否做到耳聪目明，也离不开社会监督所提供的巨量线索信息。因此，应坚持主体互动、信息贯通、机制协调，加快推进社会监督同党和国家监督的对接衔接，实现同频共振，形成监督合力。

同其他主体的监督一样，社会监督也应保持有制有序有度，不能成为失去控制的“脱缰野马”。在历史上，“文化大革命”期间那种群众揭发、群众批斗、群众审判，实际上是一种失范失序的社会监督，已异化为一种赤裸裸的社会暴力，其惨痛教训始终不可忘记。在媒体已成为第四种权力的今天，有理有力的舆论监督令大众拍手称快，但失控失度的舆论暴力同样会让人脊背发凉。推进社会监督的规范化、有序化，既需要加强国家法律规制，也需要加强行业自律。由于社会主体如何进行监督通常属于社会自治领域，国家法律不宜过多干预，行业自律机制尤为重要。例如，在舆论监督的规范化上，新闻媒体行业、互联网行业等行业负有重大职责使命，应进一步健全行业自治自律规范，引导媒体从业人员、社会公众和广大网民在舆论监督上明辨是非、理性发声、尊重人权。

五、完善法治工作数据监控机制

对法治工作的数据监控，是大数据、人工智能时代铸造的权力监督利器，是一种以科技制约权力的新型监督模式①。无论是学术场还是舆论场，在数据监控技术的讨论中，人们通常更为关注其在社会治理中的应用对私权利保护可能产生的深远影响②，而较少讨论其在权力监督上的应用对公权力规训潜在的革命性意义。近年来，政法系统十分重视运用大数据、人工智能等技术创新权力监管方式，把执法司法权关进“数据铁笼”，确保

---

① 黄其松，邱龙云，胡赣栋．大数据作用于权力监督的案例研究：以贵阳市公安交通管理局“数据铁笼”为例 [J]. 公共管理学报，2020 (3)：25.

② 单勇．犯罪之技术治理的价值权衡：以数据正义为视角 [J]. 法制与社会发展，2020 (5)：185.

执法司法公正廉洁。在 2020 年政法领域全面深化改革推进会上，中央政法委提出“智能化管理监督机制”新概念，要求“坚持把智能化作为制约监督的有效载体和重要手段，推动监督工作与科技应用深度融合，切实将科技优势转化为监督效能”①。

数据监控机制的革命性意义，就在于能有效破解传统人工监督方式的诸多难题，开辟出权力监督新图景。人工监督的第一个难题是信息不对称，即监督者难以完整掌握被监督者的信息。但在执法司法全过程数据化之后，监督者只要能进入被监督者的数据系统，信息不对称的问题就迎刃而解。人工监督的第二个难题是时空分离，即监督者难以时刻对被监督者进行在场监督。但视频监控技术可以清晰记录执法司法全过程，让监督者在异地远程监督、在事后回溯监督。人工监督的第三个难题是有限理性，即监督者在面对巨量案件和海量信息时往往无能为力。而智能机器系统则可以克服人脑信息处理能力之不足，按预定指令计算处理海量信息，从中筛选出问题线索。人工监督的第四个难题是人为干扰，即监督行为易受监督者的主观偏好、情感态度、社会关系等因素的影响。而智能机器系统没有偏好偏向，不会产生懈怠偷懒心理，不会受人情关系干扰，能够做到一把尺子量到底。人工监督的第五个难题是事后诸葛亮，即监督者往往是在被监督者出错或犯事之后再纠举问责。而智能机器系统则可以通过大数据分析排查出执法司法权运行的风险点，并向有关人员自动提示和预警相关风险，起到事前诸葛亮的作用。

不过，权力监督领域的数据监控革命才刚刚拉开序幕，还有很长的路

① 中央政法委：加快推进执法司法制约监督体系改革和建设［EB/OL］.（2020－08－27）［2020－09－25］. https：//www. thepaper. cn/newsDetail _ forward _ 8900902.

要走。这场革命不仅是一场技术革命，也是一场体制机制革命。在大数据时代，打破基于部门权力划分形成的数据壁垒，加快推进法治工作数据开放共享，是实行数据监控的前提条件。然而，长期以来，执法司法机关的执法办案信息系统是在各自部门的主导下分别建立和发展起来的，不仅不同执法司法机关的信息系统之间壁垒森严，甚至同一机关内部不同部门的信息系统之间也互不联通。这种“数据烟囱”“数据孤岛”林立的现象，严重妨碍了对权力运行的数据监控。2017 年，中央政法委明确提出，加快推进跨部门大数据办案平台建设，推动以审判为中心的刑事诉讼制度改革，把公检法互相配合、互相制约的原则落到实处①。主要设想是：推进公检法司的办案信息系统的设施联通、平台贯通、数据融通，实现办案业务网上流转、网上监督。就全国情况来看，上海、浙江、江苏等地在推进跨部门大数据办案平台建设上已取得重要突破，但总体上进展很不平衡。同时，这一平台只是刑事办案平台，也只能解决刑事司法的数据监控和线上监督问题。对其他执法司法活动的监督，如对民事、行政诉讼的检察监督，仍然面临着数据不能共享的体制瓶颈。因此，加强对执法司法权的监督，必须进一步推进执法司法数据开放共享，以拓展监督线索来源，提高监督精度效度。

法治领域数据监控技术落后、智能化水平低，是制约数据监控效能充分发挥的重要因素。近年来，政法机关在升级改造执法司法办案信息系统时，注意嵌入更多数据监测监控元素，优化节点监控、风险提示、瑕疵错误预警等功能，提高自动提示或发现执法司法问题的能力。同时，还专门

---

① 孟建柱．全面深化司法体制改革 努力创造更高水平的社会主义司法文明［J］．求是，2017（20）：8．

研发了各种各样的智能监管系统，如庭审自动巡查系统[①]、侦查监督信息化平台、民事裁判文书智慧监督系统[②]等，加强对某一类执法司法活动的监管。但总体上看，由于法治领域人工智能发展水平还处于弱人工智能阶段[③]，数据监控系统的智能化程度较低，相当多的工作仍需要执法司法人员完成，甚至让执法司法人员感到不好用、不愿用。这需要法律界和科技界加强紧密协作，深入推进法治领域大数据和人工智能技术研发，提高机器系统深度学习和计算能力，提升从海量的碎片化数据中自动发现立案、侦查、审判、执行等工作中常见违规违法问题的能力。

① 河北省法院自动巡查系统对三级法院庭审实行无缝隙管理［EB/OL］.（2016 - 03 - 24）［2020 - 09 - 25］. http://hebei.hebnews.cn/2016 - 03/24/content_5412204.htm.

② 曾于生. 借力人工智能打造民事裁判监督新模式［N］. 检察日报，2019 - 08 - 04（3）.

③ 左卫民. 关于法律人工智能在中国运用前景的若干思考［J］. 清华法学，2018（2）：108 - 124.

第八章

建设强有力的法治保障体系

加快形成强有力的法治保障体系，是建设中国特色社会主义法治体系的重要方面。如果没有一系列坚实的保障条件，良法善治的法治中国建设就难以实现。《法治中国建设规划（2020—2025年）》明确强调，建设法治中国，必须加强政治、组织、队伍、人才、科技、信息等保障，为全面依法治国提供重要支撑[①]。只有形成强有力的法治保障体系，才能筑牢法治中国建设的坚实后盾，才能保证中国特色社会主义法治沿着正确道路前行。能否形成强有力的法治保障体系，关系到能否实现全面推进依法治国的总目标，关系到能否实现国家治理体系和治理能力的现代化，最终关系到“四个全面”战略布局的协调推进和中国特色社会主义事业的整体发展。

第一节

加强政治和组织保障

一、加强政治和思想保障

中国共产党的领导是建设法治中国的根本政治保障，习近平法治思想是建设法治中国的根本思想保障。加强政治和思想保障，就是要加强党对法治中国建设的领导，要强化习近平法治思想对法治中国建设的指导。

---

① 法治中国建设规划（2020—2025年）[N]. 人民日报，2021-01-11（2）.

中国共产党是中国特色社会主义的领导核心，处于总揽全局、协调各方的地位。党的领导是中国特色社会主义法治之魂，是社会主义法治的根本保障。习近平强调："全面推进依法治国，方向要正确，政治保证要坚强。党的领导是社会主义法治最根本的保证。"[①] 加快推进法治中国建设，必须旗帜鲜明地坚持党的领导，把党的领导贯彻到全面依法治国各领域全过程，确保法治中国建设始终沿着正确方向破浪前行。只有坚持党领导立法、保证执法、支持司法、带头守法，才能充分实现人民当家作主，真正把人民意志上升为国家意志，有序推进国家和社会生活法治化。

习近平法治思想深刻回答了在中国这样一个 14 亿多人口的发展中大国为什么实行全面依法治国、怎样实行全面依法治国等重大理论和实践问题，是马克思主义法治理论中国化最新成果，是习近平新时代中国特色社会主义思想的重要组成部分，为新时代法治中国建设提供了科学的理论指南。党的十八大以来，正是在习近平法治思想科学指引下，我国社会主义法治建设发生了历史性变革、取得了历史性成就。在全面建成社会主义现代化强国新征程上，只有坚定不移地坚持以习近平法治思想为根本遵循，法治中国建设才能在新的历史起点上取得更大更辉煌的成就。

二、充分发挥各级党组织的作用

《法治中国建设规划（2020—2025 年）》提出，各级党委（党组）和领导干部要支持立法、执法、司法机关开展工作，支持司法机关依法独立公正行使职权。党的各级组织部门等要发挥职能作用，保障推进法治中国建

---

① 习近平谈治国理政：第 2 卷 [M]. 北京：外文出版社，2017：128.

设。中央和省级党政部门要明确负责本部门法治工作的机构。各级立法、执法、司法机关党组（党委）要加强领导、履职尽责，机关基层党组织和党员要充分发挥战斗堡垒和先锋模范作用，保障宪法法律实施。严格执行《领导干部干预司法活动、插手具体案件处理的记录、通报和责任追究规定》。

广大党员干部是法治中国建设的重要组织者、推动者、实践者①。其中，领导干部具体行使党的执政权和国家立法权、行政权、监察权、司法权，是全面依法治国的关键少数。我们党把抓领导干部这个关键少数作为推进法治建设的重要方略，激励引导领导干部做尊法学法守法用法的模范，不断提高运用法治思维和法治方式治国理政的能力，发挥好领导干部以身作则、以上率下的示范引领作用，切实发挥广大党员干部在法治建设各个环节各个领域的重要作用。

第二节
加强队伍和人才保障

一、建设高素质法治工作队伍

党的十八届四中全会首次正式明确提出“法治工作队伍”概念。习近

① 黄文艺．党领导法治建设的八个坚持［N］．学习时报，2021－06－23（1）．

平十分重视法治工作队伍的建设，把“着力加强法治工作队伍建设”列为落实十八届四中全会部署的五项重大任务之一。他指出，“全面推进依法治国，建设一支德才兼备的高素质法治队伍至关重要”①。法治工作队伍是一个具有鲜明中国特色、实践特征的范畴，其内涵比法学界通常所使用的“法律职业”范畴要丰富得多。根据《中共中央关于全面推进依法治国若干重大问题的决定》，法治工作队伍包括从事立法、执法、司法、法律服务、法学教育和研究工作的所有人员。依其所从事的法治工作的类型之不同，法治工作队伍可以分为法治专门队伍、法律服务队伍、法学专家队伍三支队伍。正如有关专家指出的，“‘法治工作队伍’概念的提出，对于推进法治工作队伍专业化职业化建设，加强法治工作队伍统一管理，提高法治工作队伍的素质能力，建设更高水平的法治中国，具有重大理论和实践意义”②。

在总结法治工作队伍建设普遍规律和共同要求的基础上，习近平提出了法治工作队伍建设的总体要求，即：“提高法治工作队伍思想政治素质、业务工作能力、职业道德水准，着力建设一支忠于党、忠于国家、忠于人民、忠于法律的社会主义法治工作队伍，为加快建设社会主义法治国家提供有力人才保障。”③ 习近平提出的四个“忠于”，是对法治工作队伍品德修养的总定位，也是对法治工作队伍的总要求。正因为法治工作是业务性很强的政治工作，也是政治性很强的业务工作，所以四个“忠于”很好地体现了法治工作的政治性与业务性、党性与人民性的有机统一，是新时代

① 习近平．论坚持全面依法治国［M］．北京：中央文献出版社，2020：115.
② 黄文艺．论习近平法治思想中的法治工作队伍建设理论［J］．法学，2021（3）：4.
③ 习近平．论坚持全面依法治国［M］．北京：中央文献出版社，2020：274.

法治工作队伍建设的根本遵循。

二、加强法治专门队伍建设

在法治工作队伍中，法治专门队伍是指从事立法、执法、监察、司法工作的队伍，包括立法人员、执法人员、监察人员、司法人员等。随着依规治党工作和党内法规建设的深入推进，党的机关中从事党内法规工作的人员也属于法治专门队伍范畴。法治专门队伍掌握和行使国家公权力，属于公职人员范畴。因此，法治专门队伍在党政机关中专门从事法治工作，直接决定国家法治建设的质量和水平。习近平指出："我国专门的法治队伍主要包括在人大和政府从事立法工作的人员，在行政机关从事执法工作的人员，在司法机关从事司法工作的人员。全面推进依法治国，首先要把这几支队伍建设好。"[①] 法治专门队伍中规模最大、掌握权力最大、社会影响力最大的队伍是政法队伍，主要由法院、检察院、公安机关、国家安全机关、司法行政机关工作人员构成，是建设法治中国和平安中国的重要力量。习近平关于政法队伍的建设有一系列重要的讲话，例如，习近平在2019年中央政法工作会议上提出的政法队伍建设"四化"（革命化、正规化、专业化、职业化）要求已普遍适用于整个法治专门队伍建设。新时代法治专门队伍建设的总体任务就是推进法治专门队伍革命化、正规化、专业化和职业化。

（一）坚持以提高思想政治素质为目标推进革命化建设

习近平在谈到政法队伍建设时强调："要旗帜鲜明把政治建设放在首

---

① 习近平．论坚持全面依法治国［M］．北京：中央文献出版社，2020：115.

位，努力打造一支党中央放心、人民群众满意的高素质政法队伍。”① 《法治中国建设规划（2020—2025 年）》提出，坚持把政治标准放在首位，加强科学理论武装，深入开展理想信念教育。具体而言，法治专门队伍革命化建设主要有两项基本要求：一是要加强科学理论武装，主要是学习习近平新时代中国特色社会主义思想，特别是学习掌握习近平法治思想。二是要加强理想信念教育，深入开展社会主义核心价值观和社会主义法治理念教育。“必须把理想信念教育摆在政法队伍建设第一位，不断打牢高举旗帜、听党指挥、忠诚使命的思想基础，坚持党的事业至上、人民利益至上、宪法法律至上，铸就‘金刚不坏之身’。”②

（二）坚持以严格管理监督为目标推进正规化建设

法治专门队伍掌握着立法、执法、监察、司法、法律监督等重要的权力，必须加强管理监督，确保权力在法治下行使、在阳光下运行。推进法治专门队伍正规化建设需要做到以下几点：一是要健全职业管理制度，要严格执行已有的制度，不断完善尚待完善的制度，在执法办案的各个环节要设置严格的标准，严肃追究违反制度准则的行为；二是要加强职业道德建设，要把强化公正廉洁的职业道德作为必修课，教育引导广大法治工作人员自觉约束自己，树立惩恶扬善的浩然正气；三是要加强权力制约监督，通过完善的监督管理机制、有效的权力制约机制、严肃的责任追究机制，加强对执法司法权的监督制约，最大限度地减少权力出轨、个人寻租的机会；四是要加强反腐败工作，打好政法战线反腐败工作的攻坚战。

---

① 习近平．论坚持全面依法治国［M］．北京：中央文献出版社，2020：249.

② 习近平．论坚持全面依法治国［M］．北京：中央文献出版社，2020：55.

（三）坚持以增强专业素质能力为目标推进专业化建设

法治专门队伍身处法治中国建设第一线，每天要应对和处理各种法律和社会问题，必须具有很强的专业思维、专业素质、专业能力。概括起来，法治专门队伍专业化包含三项要求：一是要完善法律职业准入制度。《中共中央关于全面推进依法治国若干重大问题的决定》提出，完善法律职业准入制度，健全国家统一法律职业资格考试制度，建立法律职业人员统一职前培训制度。二是要加强教育培训，需要确保立法、执法、司法工作者信念过硬、责任过硬、能力过硬、作风过硬。三是要健全法治人才交流机制。《法治中国建设规划（2020—2025年）》提出，完善从符合条件的律师、法学专家中招录立法工作者、法官、检察官、行政复议人员制度。建立健全立法、执法、司法部门干部和人才常态化交流机制，加大法治专门队伍与其他部门具备条件的干部和人才交流力度。

（四）坚持以优化待遇保障为目标推进职业化建设

“法治专门队伍具有高门槛、高负荷、高风险等特点，只有建立健全职业激励保障体系，才能激发队伍的创造力、战斗力。”① 坚持以优化待遇保障为目标推进职业化建设需要满足以下要求：一是要健全待遇保障制度，通过改革建立符合职业特点的司法人员管理制度，完善司法人员分类管理制度，建立法官、检察官、人民警察专业职务序列及工资制度，增强司法人员的职业荣誉感和使命感。二是要健全依法履职保护制度。近年来发生的袭击杀害警察、法官等事件表明，对于人身安全等风险较高的执法司法队伍来说，建立健全依法履职保护制度十分紧迫。三是要健全职业荣誉制度，应当

① 黄文艺．论习近平法治思想中的法治工作队伍建设理论［J］．法学，2021（3）：8.

根据各类法治专门队伍的特点，分别建立健全职业荣誉制度，加强和改进表彰奖励工作，最大限度地激发法治专门队伍建功立业的积极性。

三、加强法律服务队伍建设

法律服务队伍在保障当事人合法权益、维护社会公平正义、开展法治宣传教育、化解社会矛盾促进社会和谐方面发挥了不可替代的重要作用。《法治中国建设规划（2020—2025年）》提出，加快发展律师、公证、司法鉴定、仲裁、调解等法律服务队伍；健全职业道德准则、执业行为规范，完善职业道德评价机制。从世界范围来看，律师是法律服务队伍的主体力量，律师业的发展水平影响一国法治建设水平。《法治中国建设规划（2020—2025年）》对加强律师队伍建设提出了明确要求：坚持和加强党对律师工作的领导，推动律师行业党的建设；完善律师执业权利保障制度机制；健全律师惩戒机制，建立律师不良执业信息记录披露和查询制度；发展公职律师、公司律师和党政机关、企事业单位、村（居）法律顾问队伍。加强律师队伍建设，一是要加强律师队伍的思想政治建设。坚持把拥护中国共产党的领导、拥护社会主义法治作为律师从业的基本要求，增强广大律师走中国特色社会主义法治道路的自觉性和坚定性。二是优化律师队伍结构，要构建社会律师、公职律师、公司律师等优势互补、结构合理的律师队伍。三是要加强律师执业权利保障。律师执业权利的保障不仅关系到当事人合法权益的保障，而且关系到法律公平正义的实现。要依法保障律师在诉讼过程中的知情权、申诉权、监督权等各项权利，落实相关法律赋予律师在诉讼中会见、阅卷、收集证据和发问、质证、辩论等各方面的执业权利，健全律师权利救济制度。四是规范律师执业行为，维护律师职业整体形象。

公证员、司法鉴定人、仲裁员、人民调解员、基层法律服务工作者等人员是公共法律服务队伍的重要力量。中共中央办公厅、国务院办公厅印发的《关于加快推进公共法律服务体系建设的意见》提出，优化公共法律服务队伍结构，稳步增加律师、公证员、法律援助人员、仲裁员数量，加快发展政府法律顾问队伍，适应需要发展司法鉴定人队伍，积极发展专职人民调解员队伍，增加有专业背景的人民调解员数量，规范发展基层法律服务工作者队伍。新时代法治中国建设离不开这支法律服务队伍的建设。

四、加强法学专家队伍建设

法学专家队伍主要是从事法学教育和研究的工作者，对于法学理论创新和法治人才培养至关重要。习近平对法学专家队伍提出了一系列的要求，强调："法学专业教师要坚定理想信念，成为马克思主义法学思想和中国特色社会主义法治理论的坚定信仰者、积极传播者、模范实践者"[①]。可以将党中央关于法学专家队伍建设的方向概括为"五者"，即中国特色社会主义法治道路的践行者、社会主义法治国家的建设者、中国特色社会主义法治理论的发展者、中国特色法学体系的构建者、德才兼备的社会主义法治人才的培养者。

（一）做中国特色社会主义法治道路的践行者

这是对法学专家队伍的政治要求。法学专家学者要深刻认识到，中国特色社会主义法治道路是建设中国特色社会主义法治国家的唯一正确道

① 习近平．论坚持全面依法治国［M］．北京：中央文献出版社，2020：178.

路，坚定中国特色社会主义法治自信，自觉坚持从中国国情出发，走中国特色社会主义法治道路。

（二）做社会主义法治国家的建设者

法学专家队伍是社会主义法治国家建设的重要力量，在推动国家法治决策科学化、民主化、法治化上肩负重要使命。在新时代新阶段，法学专家应当弘扬求真务实、经邦济世的治学传统，积极参与国家法治决策、立法、依法行政、司法改革、法治宣传教育等工作，在建设中国特色社会主义法治体系、建设社会主义法治国家上发挥更大的作用。

（三）做中国特色社会主义法治理论的发展者

法学专家队伍从事法治理论研究工作，应成为中国特色社会主义法治理论的发展者。习近平对如何发展中国特色社会主义法治理论提出了明确要求："要充分利用学科齐全、人才密集的优势，加强法治及其相关领域基础性问题的研究，对复杂现实进行深入分析、作出科学总结，提炼规律性认识，为完善中国特色社会主义法治体系、建设社会主义法治国家提供理论支撑。"[①] 当前，发展中国特色社会主义法治理论，首先是要阐释好习近平法治思想，做好学理化阐释、学术化表达、体系化建构工作，推动法治理论创新。

（四）做中国特色法学体系的构建者

法学专家队伍以法学为业，肩负着构建中国特色法学体系的学术使命。习近平在中国政法大学考察时提出了中国特色法学学科体系、课程体系、教材体系、话语体系等概念。他指出："我们要坚持从我国国情和实际出发，

---

① 习近平．论坚持全面依法治国［M］．北京：中央文献出版社，2020：175.

正确解读中国现实、回答中国问题，提炼标识性学术概念，打造具有中国特色和国际视野的学术话语体系，尽快把我国法学学科体系和教材体系建立起来。”[1] 加强中国特色法学体系建设既要立足我国的国情和实践，坚持以我为主，也要积极吸收借鉴、甄别世界上的优秀法治文明成果，推动以马克思主义为指导的法学学科体系、学术体系、教材体系、话语体系建设。

（五）做德才兼备的社会主义法治人才的培养者

法学专家多在高校、党校、法官学院、检察官学院等教育培训机构任职，从事法学专业教学和法治人才培养工作。法学教师应当坚持教书和育人相结合，既要注意专业上的传道授业解惑，又要注意在思想道德上育人化人，努力培养德才兼备的高素质法律人才。坚持理论和实践相互结合，把法治实践新鲜经验和生动案例带进课堂教学，引导学生增长见识，丰富学识，让法学教育更接地气，更富有实效。

第三节

加强科技和信息化保障

“科学是智能社会法律秩序的第一要义，是法治现代化的题中应有之

① 习近平．论坚持全面依法治国［M］．北京：中央文献出版社，2020：176.

义。”[①] 新时代中国特色社会主义法治体系的建设需要适应科技信息化发展的大趋势，法治保障体系的建设需要着力加强科技和信息化保障，充分运用大数据、人工智能等现代科技手段，全面建设“智慧法治”，推进法治中国建设的数据化、网络化和智能化。优化整合法治领域各类信息、数据、网络平台，推进全国法治信息化工程建设。加快公共法律服务实体平台、热线平台、网络平台有机融合，建设覆盖全业务、全时空的公共法律服务网络。

一、全面建设智慧法治

智慧法治属于法治智能化范畴，通过运用互联网、大数据、云计算、人工智能、区块链等技术，感测、汇集、分析、整合、输出法治运行必要的关键信息，对立法、执法、司法、普法工作的各种需求作出智能响应，极大地提高法治的效率、质量、效益，其实质就是以现代信息技术和人工智能技术为辅助，实行智能化法治建设和运行[②]。智慧法治建设是国家信息化战略和治理能力现代化的重要组成部分，也是中国特色社会主义法治体系建设实现跨越式发展、提升法治效能的必然要求，具有十分重要的意义。因此全面建设智慧法治是加强法治保障体系建设的重要抓手。

首先，智慧法治建设是实现国家治理体系和治理能力现代化的必然要求。智慧法治所实现的不仅仅是法律装备和法治技术的变革，更是法治基

① 张文显．构建智能社会的法律秩序［J］．东方法学，2020（5）：9.

② 雷磊．中国特色社会主义智慧法治建设论纲［J］．中共中央党校（国家行政学院）学报，2020（1）：99.

本原理的全面重构，智慧法治是“规制未来”的法治，具有“面向未来”的前瞻与预测功能，是确保法治建设获得主动权的重要举措①。

其次，智慧法治建设是加强法治供给和法治效能的重要途径。推进法院信息化建设转型升级，更加合理地配置法院内部审判资源，以最为经济的司法成本实现审判质效，从而更好地满足人民群众的法治需求，提高人民群众的法治获得感。

最后，智慧法治建设是参与全球治理、引领世界法治体系创新的必然要求。新时代法治建设应当以大数据和人工智能技术为抓手，率先就人工智能的国际法律与伦理规范进行研究，提出能够获得各方认可的框架准则，从而引领世界智慧法治建设的新潮流。

智慧法治建设的根本目标是为中国特色社会主义法治体系的建立和完善提供保障和支撑。智慧法治建设的成效需要体现在全面依法治国的各个环节：一是智慧法治要服务党的执政能力建设，包括提升党委决策指挥的信息化水平，加强信息公开，畅通民主监督渠道，增强权力运行的信息化监督能力，等等。二是推进智慧立法，完善信息化和智能化规范框架。一方面有序推进网络与人工智能领域的立法工作，另一方面是依靠网络人工智能技术推动立法过程的科学化。三是推进智慧执法，加强政府管理创新。具体包括运用大数据推进政务服务模式创新，深化电子政务和“互联网＋”政务服务，开发人工智能平台以畅通政府与公众的交互渠道，等等②。四是推进智慧监察，提高大数据反腐效能。如强化数据挖掘应用，

---

① 雷磊．中国特色社会主义智慧法治建设论纲［J］．中共中央党校（国家行政学院）学报，2020（1）：100.

② 雷磊．中国特色社会主义智慧法治建设论纲［J］．中共中央党校（国家行政学院）学报，2020（1）：108.

提升反腐败预警功能。五是推进智慧司法，提高检察和审判水平。促进智慧检务改革，减少冤假错案，提升办案质量。建立智慧法院，健全人工智能辅助决策体系，最大限度减轻办案人员的非审判性事务负担。六是推进智慧社会建设，深化社会基层治理。要充分发挥网络技术优势以弘扬法治精神，开展智慧普法。

二、推进法治信息化工程建设

人类社会历经了农业社会、工业革命，正在经历信息革命。当前，以信息技术为代表的新一轮科技革命方兴未艾，互联网日益成为创新发展的先导力量。信息是国家治理的重要依据，大数据战略是国家战略，没有信息化就没有现代化。适应和引领经济发展新常态，增强发展新动力，需要将信息化贯穿于我国法治现代化进程的始终，加快释放信息化发展的巨大潜能。中国特色社会主义法治体系的建设需要在信息化上占据制高点，掌握先机、赢得优势、赢得安全、赢得未来。

推进法治信息化工程建设需要在以下方面着力：第一，全面启动依法治国信息化工作，推动建设全国统一的法治工作信息化平台，为法治中国建设提供坚实的信息保障。平台的建设需要实现三大功能：首先是实现信息互联互通；其次是实现资源共享，与法治工作相关的网络平台实现数据资源共享；最后是实现大数据分析应用，实现关键数据信息的适时提取、汇总筛选和分析整合。第二，全面提升大数据慧治能力，持续推动数据规模、质量和应用水平同步提升，发掘和释放大数据的潜在价值，提升国家的治理能力现代化水平。创新数据的采集方式，充分运用现代信息技术，提高数据采集能力，强化基础数据采集；加强业务数据汇聚，拓展业务数据采集渠道；加强数据分析，用好大数据，实现对法治建设过程中各项工作更加准确的检测、分析、预测、预警，提高对重点工作和热点敏感问题的分析研判能力。第三，全面加强网络安全建设。《国家信息化发展战略纲要》提出，依法推进信息化、维护网络安全是全面依法治国的重要内容。建立健全网络安全责任制，全面提升全系统网络安全意识，健全网络安全制度机制，推进网络安全治理现代化。具体而言，需要强化动态防御、主动防御、精准防御等网络防御措施，同时认真落实关键信息基础设施保护工作要求，提升网络安全防护能力。

三、建设覆盖全业务全时空的公共法律服务网络

中国特色社会主义法治体系的建设必须坚持以人民为中心，法治中国的建设归根结底是要提升人民群众的幸福感和获得感，让全体人民共享法治建设的成果与红利，因此建设一个让人民满意的现代公共法律服务体系无疑是全面依法治国工程的题中之义。新时代网络信息技术、人工智能技术的发展和革新为打造和升级公共法律服务体系创造了极为有利的条件。党的十八届四中全会明确提出要“推进覆盖城乡居民的公共法律服务体系建设”。习近平在2019年初召开的中央政法工作会议上提出“两全、两快”发展方针，强调要深化公共法律服务体系建设，加快整合律师、公证、司法鉴定、仲裁、司法所、人民调解等法律服务资源，尽快建成覆盖全业务、全时空的法律服务网络，这标志着现代公共法律服务体系的建设进入新阶段。建设人民满意的现代公共法律服务体系是全面提升中国未来法治创新发展核心竞争力的重要一环。

公共法律服务是为了确立中国特色社会主义法治信仰和实现法律服务

的公益性、公共性、公正性等法律精神价值，用于满足多元主体在社会公共生产和生活中日益增长的法律服务现实需求的一系列公共性、公益性法律服务活动和法律服务产品[①]。“全业务”是指公共法律服务网络体系实现法律服务项目和法律服务产品的全覆盖。“全时空”就是在任何时间任何地域都可以为老百姓提供其所需要的法律服务。只有覆盖检察、审判、公安、司法行政机关和政府相关职能部门的全部法律服务业务，才能保障公共法律服务的全面性和充分性，而只有遍及全时空，才能保证公共法律服务的全流程、无缝隙、广范围和多维度，充分发挥普惠便捷的功效，及时给老百姓和各类企业排忧解难。全业务、全时空的公共法律服务网络体系建构加强了法治保障体系，为中国特色社会主义法治体系奠定了基础。

打造中国特色全业务、全时空兼具的公共法律服务网络体系，要以用户体验和用户需求为导向，要着眼于维护人民群众的合法权益，始终围绕人民群众的需求，立足于“法律事务咨询、矛盾纠纷化解、困难群众维权、法律服务指引和提供”的平台建设功能定位，打造公共法律服务实体、热线和网络三平台，将公共法律服务深入渗透在社会生活的各个领域，最终形成覆盖城乡、功能完备、便捷高效的公共法律服务网络体系，实现公共法律服务的标准化、精准化、便捷化，努力为人民群众提供普惠性、公益性、可选择的公共法律服务。实现公共法律服务全业务、全时空的双赢共振，加快推进现代公共法律服务体系建设，应当及时抓住新一轮技术革命的机遇，尤其要在普惠性方面下足功夫，让技术飞跃带来的智能化、便捷化操作方式给老百姓带来看得见、摸得着的实惠。

---

① 杨凯，张怡净．论公共法律服务体系建构的法学理论构架基础［J］．南海法学，2020（4）：2.

大数据、云计算、人工智能和区块链等公共法律服务支撑技术的广泛应用，使得公共法律服务全业务、全时空网络体系构建有了坚实的基础条件和技术保障。例如，随着区块链存证技术的发展，传统的公证手段得到了极大的改良，当事人繁多、复杂的证据都能通过电子方式进行存证，且避免了随意被篡改的弊端。大数据、云计算、互联网让信息自由传输，法律服务质量得到质的提升，而人工智能等技术将促使传统的法律服务行业发生颠覆性的改变。要大力发展“互联网＋法律服务”，推动具备条件的法律服务事项实现线上办理和实时查询，推广律师远程视频回见、互联网公正、在线仲裁等，推动政务信息互联共享和公共数据资源开放，构建面向社会公众的一体化在线法律服务网络体系，保障全业务、全时空蓝图的落地生根。党和政府机关应当不断探索“智慧法律服务”新模式，智能、精准地匹配公共法律服务供给与需求，为群众提供“一站式法律服务”，运用大数据进行个性化定制服务，智能推送群众关注度高、涉及公共利益的热点问题信息①。推动公共法律服务与科技创新的深度融合，为中国特色社会主义法治体系的建设增添科技和信息化的“羽翼”。

① 杨凯．尽快建成“全业务”“全时空”的公共法律服务网络［N］．检察日报，2019－05－16（3）．

第九章

建设完善的党内法规体系

中国共产党是一个立治有体、施治有序的马克思主义政党，自建党时起就坚持不懈地加强党内法规制度建设，自创建政权时起就持之以恒地推进法制建设，逐步确立了依规治党、依法治国的深厚传统①。尤其是党的十八大以来，以习近平同志为核心的党中央高度重视党内法规制度建设，明确提出“加强党内法规制度建设是全面从严治党的长远之策、根本之策”②。“全面从严治党”要求坚持依规治党，最终实现党规之治。党规之治是“中国之治”的一个独特治理密码，是呈现中国特色社会主义制度优势的一张金色名片，也为世界政党治理贡献了中国智慧和中国方案③。

第一节

健全党内法规体系

2014 年党的十八届四中全会通过的《中共中央关于全面推进依法治国若干重大问题的决定》，首次把党内法规体系与法律规范体系、法治实施体系、法治监督体系和法治保障体系并列，共同作为中国特色社会主义法治建设的主体内容。2016 年中共中央审议通过的《关于加强党内法规制度

① 黄文艺．党领导法治建设的八个坚持［N］．学习时报，2021－06－23（1）．

② 习近平就加强党内法规制度建设作出重要指示强调 坚持依法治国与制度治党、依规治党统筹推进、一体建设［N］．人民日报，2016－12－26（1）．

③ 宋功德．党内法规的百年演进与治理之道［J］．中国法学，2021（5）：5－38．

建设的意见》（以下简称《意见》）明确规定，党内法规制度体系，是以党章为根本，以民主集中制为核心，以准则、条例等中央党内法规为主干，由各领域各层级党内法规制度组成的有机统一整体。《法治中国建设规划（2020—2025年）》明确提出，健全党内法规体系，要求以党章为根本，以民主集中制为核心，不断完善党的组织法规、党的领导法规、党的自身建设法规、党的监督保障法规，构建内容科学、程序严密、配套完备、运行有效的党内法规体系。

一、完善党的组织法规制度

党的组织法规是调整与规范党组织及其运行的规范之集合，是党内法规中最基础、最重要的规范，对于从严治党及增强党的执政能力、推动国家治理现代化和法治中国建设具有重要意义①。党的组织法规数量众多，内容丰富，体系严密，有的集中体现在一些法规文本中，有的散见于党章及有关法规文件的相关规范中②。根据不同的标准，可以对党的组织法规进行不同的分类：（1）按照规范对象的层级，可划分为党的中央组织法规、地方组织法规、基层组织法规，分别如《中共中央办公厅关于中央直属机关领导体制问题的通知》，《中国共产党地方委员会工作条例》，农村、城市、机关、高校等不同方面的基层组织法规；（2）按照规范主体的类型，可划分为党的领导机关组织法规、执行机关组织法规、监督机关组织法规，分别如《中国共产党地方委员会工作条例》《中国共产党工作机关条例（试行）》《关于深化中央纪委国家监委派驻机构改革的意见》等相关

---

① 薛刚凌．党的组织法基本问题研究［J］．法学杂志，2020（5）：29－40.

② 宋功德，张文显．党内法规学［M］．北京：高等教育出版社，2020：139.

规范；（3）按照规范的性质，可分为实体性组织法规、程序性组织法规，分别如《中国共产党党组工作条例》《中国共产党地方组织选举工作条例》等相关规范；（4）按照规范的内容，可分为选举类、组织类、象征标志类，分别如《中国共产党地方组织选举工作条例》《中国共产党党和国家机关基层组织工作条例》《中国共产党党旗党徽制作和使用的若干规定》等相关规范①。

党的优势在于组织的力量②，中国共产党一直十分重视党的组织建设。习近平指出，“党的力量来自组织。党的全面领导、党的全部工作要靠党的坚强组织体系去实现……必须更加注重党的组织体系建设”③。《中国共产党党章》规定：“党是根据自己的纲领和章程，按照民主集中制组织起来的统一整体。”《意见》强调，完善党的组织法规制度，全面规范党的各级各类组织的产生和职责，夯实管党治党、治国理政的组织制度基础。党的组织法规在党领导中国人民激流勇进的历史征程中发挥了独特的组织支撑功能，面对当今世界百年未有之大变局，党的组织法规应当与时俱进，增强体系化、科学化和规范化。未来党的组织法规建设，应当进一步夯实党的组织制度基础，不断完善党和国家机构法规制度，强化机构编制管理刚性约束，对中央委员会、纪委、国有企业党组织、机构设置和编制管理工作等作出基本规范④。鉴于不同党组织的设置目的和功能定位不同，其产生方式、产生程序及组成也存在明显差异，未来应当进一步规范党组织

① 宋功德，张文显．党内法规学［M］．北京：高等教育出版社，2020：139－140.

② 蔡文华．党的组织体系建设：时代要求与发展路向［J］．探索，2019（4）：118－126.

③ 习近平．在全国组织工作会议上的讲话：2018年7月3日［M］．北京：人民出版社，2018：11－12.

④ 宋功德．坚持依规治党［J］．中国法学，2018（2）：17.

的产生方式、产生程序，完善党组织的调整和撤销制度，科学配置并明确党组织的职权职责[①]。

二、完善党的领导法规制度

党的领导法规是指规范中国共产党对各方面工作进行领导的活动，调整中国共产党与人大、政府、政协、监察机关、审判机关、检察机关、武装力量、人民团体、企事业单位、基层群众自治组织、社会组织等领导与被领导关系的党内法规[②]。党的领导法规旨在通过巩固党的领导地位、强化党的领导职责、规范党的领导活动等，解决党领导谁、领导什么、怎么领导的问题，为党发挥总揽全局、协调各方领导核心作用提供制度保障[③]。根据不同标准，党的领导法规可作不同分类：（1）根据党的领导领域不同，党的领导法规分为党领导经济建设、政治建设、文化建设、社会建设、生态文明建设、外事、军队法规等；（2）根据党的领导对象不同，党的领导法规分为党对人大、政府、政协、宣传、政法、机构编制、农村、群团、企事业单位、社会组织的领导法规等；（3）根据表现形式的不同，党的领导法规分为专门的党的领导法规文本，以及其他文本中党的领导法规规范等[④]。

党的领导是中国特色社会主义最本质的特征，是中国特色社会主义制度的最大优势，是建设中国特色社会主义事业最根本的保证。党的十九届六中全会在总结党的历史经验时指出，党的十八大以来，在坚持党的全面

---

① 宋功德，张文显．党内法规学［M］．北京：高等教育出版社，2020：148-163.

②③ 宋功德，张文显．党内法规学［M］．北京：高等教育出版社，2020：165.

④ 宋功德，张文显．党内法规学［M］．北京：高等教育出版社，2020：166-167.

领导上，党中央权威和集中统一领导得到有力保证，党的领导制度体系不断完善，党的领导方式更加科学，全党思想上更加统一、政治上更加团结、行动上更加一致，党的政治领导力、思想引领力、群众组织力、社会号召力显著增强。《中央党内法规制定工作第二个五年规划（2018—2022年）》提出了“完善党的领导法规”任务①。中国共产党此后制定并修改了《中国共产党重大事项请示报告条例》《中国共产党农村工作条例》《中国共产党政法工作条例》《中国共产党中央委员会工作条例》《中国共产党统一战线工作条例》等多个条例，极大地促进了党的领导法规制度完善②。在新时代坚持和加强党的全面领导，全面发挥党的核心作用，应当着重强化以下方面：（1）巩固党的领导地位。党的领导地位是由中国共产党的性质决定的，是历史和人民的选择，坚持党的领导是实现中华民族伟大复兴的根本保证。应当健全和完善坚持和加强党的全面领导的党内法规，切实把党的领导贯彻落实到改革发展稳定、内政外交国防、治党治国治军等各领域各方面各环节，为党的领导提供全面的制度保障③。（2）强化党的领导职责。党的领导职责具有人民性、全面性、规范性、有效性等特征，“把方向、谋大局、定政策、促改革”是对作为中国特色社会主义事业领导核心的中国共产党从整体上、宏观上提出的要求④。（3）规范党的领导活动。一是应当明确党的领导原则，包括党的全面领导原则、党中央集中统一领导原则、民主集中制原则、依规领导原则等；二是规范党的领导行

① 中央党内法规制定工作第二个五年规划（2018—2022年）[J]. 中共中央办公厅通讯（“党内法规专刊”），2018（11）：35.

② 韩强．党内法规制度“1＋4”体系之我见［J]. 理论探索，2021（1）：49-50.

③ 宋功德，张文显．党内法规学［M]. 北京：高等教育出版社，2020：170.

④ 宋功德，张文显．党内法规学［M]. 北京：高等教育出版社，2020：175-178.

为，党的领导行为是否科学，对党的长期执政能力建设具有重要影响，应当对党的命令指示、决策决定、推荐建议、指导督查、号召提倡等领导行为进行规范；三是完善党的领导机制，包括民主科学决策机制、民主协商机制、请示报告机制等①。

三、完善党的自身建设法规制度

党的自身建设法规是指调整和规范党的政治建设、思想建设、组织建设、作风建设、纪律建设等党的自身建设活动的党内法规，旨在解决党的自身建设谁来建设、建设什么、怎么建设等问题，为深化党的建设制度改革、提高党的科学化水平、保持和发展党的先进性和纯洁性提供制度保障②。根据党的自身建设领域的不同，党的自身建设法规可以分为：党的政治建设法规、党的思想建设法规、党的组织建设法规、党的作风建设法规、党的纪律建设法规，分别如《关于新形势下党内政治生活的若干准则》《党委（党组）意识形态工作责任制实施办法》《党政领导干部选拔任用工作条例》《党政机关国内公务接待管理规定》《党政机关厉行节约反对浪费条例》《中国共产党廉洁自律准则》等规范③。

党的建设的根本任务在于通过加强党的政治、思想、组织等各方面建设，使党永远保持先进性纯洁性，不断提高执政能力和领导水平，始终践行立党为公、执政为民宗旨，实现长期执政的历史使命④。党的自身建设法规应当着重完善以下方面：（1）确立党的自身责任分工，厘清责任、压

---

① 宋功德，张文显．党内法规学［M］．北京：高等教育出版社，2020：181－189.
② 宋功德，张文显．党内法规学［M］．北京：高等教育出版社，2020：190.
③ 宋功德，张文显．党内法规学［M］．北京：高等教育出版社，2020：191－192.
④ 韩强．党内法规制度“1＋4”体系之我见［J］．理论探索，2021（1）：49－50.

实责任、落实责任，确保各级各类党组织和全体党员都按规定切实担负起党的自身建设责任，形成一级抓一级、层层抓党建的工作格局[①]。（2）规范党的政治建设内容，坚定政治信仰，坚持政治领导，提高政治能力，净化政治生态；规范党的思想建设内容，坚定理想信念，强化理论武装，加强思想政治工作，完善党内学习制度；规范党的组织建设内容，加强高素质专业化干部队伍建设，加强党的基层组织建设，加强人才队伍建设；规范党的作风建设内容，继承和发扬党的优良作风，纠正各种不正之风；规范党的纪律建设内容，确立党的纪律检查体制机制，完善党的纪律体系[②]。（3）明确党的自身建设的方式方法，从宏观层面，坚持思想建党和制度治党相统一，坚持立足当前和着眼长远相统一，坚持抓“关键少数”和管“绝大多数”相统一，坚持分类指导和统筹协调相统一；在中观层面，开展党内集中教育，开展组织生活，建立责任制，建设党内政治文化；在微观层面，通过理论学习中心组学习、批评和自我批评、典型示范、警示教育等加强党的自身建设[③]。

四、完善党的监督保障法规制度

党的监督保障法规，是指规范党的监督、激励、保障等内容的党内法规，包括党内监督、考察考核、问责追责、表彰奖励、关怀帮扶、容错纠错、党员权利保障、制度建设保障、机关运行保障等方面的一系列党内法规[④]。按照不同的标准，可以对党的监督保障法规作不同的分类：（1）按

---

① 宋功德，张文显．党内法规学［M］．北京：高等教育出版社，2020：192－202.
② 宋功德，张文显．党内法规学［M］．北京：高等教育出版社，2020：202－224.
③ 宋功德，张文显．党内法规学［M］．北京：高等教育出版社，2020：224－231.
④ 宋功德，张文显．党内法规学［M］．北京：高等教育出版社，2020：233.

照调整对象，可分为党组织监督保障法规和党员、干部监督保障法规，分别如《中国共产党巡视工作条例》《中国共产党党员权利保障条例》，以及有关党内法规中关于党员权利保障、纪律处分、领导干部问责等相关规定；（2）按照功能作用，可分为监督类党内法规、激励类党内法规、保障类党内法规，分别如《中国共产党党内监督条例》《中国共产党党内功勋荣誉表彰条例》《党政机关公文处理工作条例》等①。

“一切有权力的人都容易滥用权力，这是万古不易的一条经验。”② 党的十八大以来，党中央把完善党内监督体系作为全面从严治党的重点任务，制定了《中国共产党党内监督条例》，建立健全了纪律监督、监察监督、派驻监督、巡视监督等制度，推动党内各项监督机制协调联动，极大地提升了党内监督的权威性、实效性③。未来党的监督保障法规建设应当注意：一方面，要加强对各级各类党组织和党员领导干部权力的监督制约，包括建立健全有关党内法规，明确权力主体、设定用权条件、规范用权行为、强化用权监督、严格违规责任，加强对权力的监督制约，真正把权力关进制度的笼子④。另一方面，要注意加强正向激励，坚持严管和厚爱结合，激励和约束并重，制定表彰奖励、关怀帮扶、容错纠错等激励机制，树立起党组织和党员干部正向行为规范，切实从思想、工作、生活上关心党员，增强党员的归属感、光荣感、责任感，充分调动和激发党员干部的积极性、主动性和创造性，在新时代担当新使命、展现新作为，为党

---

① 宋功德，张文显．党内法规学［M］．北京：高等教育出版社，2020：234-235.

② 孟德斯鸠．论法的精神：上册［M］．张雁深，译．北京：商务印书馆，1982：154.

③ 黄文艺．权力监督哲学与执法司法制约监督体系建设［J］．法律科学（西北政法大学学报），2021（2）：33.

④ 宋功德，张文显．党内法规学［M］．北京：高等教育出版社，2020：235.

组织工作活动和党员行为提供强大示范引领和推动作用[①]。

第二节

抓好党内法规实施

党内法规的生命在于实施，党内法规的价值只能在实施中得到实现，党内法规的规范效力也只能在实施中得到体现[②]。党内法规制度建设的主要矛盾已经由“制度文本”的“纸老虎”权威转向“制度实践”的“真老虎”权威[③]。正如习近平所指出的：“诚然，我们的制度体系还要完善，但当前突出的问题在于很多制度没得到严格执行。”[④] 未来应当重点着力提高党内法规执行力，落实党内法规执行责任制，强化监督检查和追责问责。

一、提高党内法规执行力

“立规不易，执规更难。”当前党内法规执行不力问题比较突出，习近平就如何提高党内法规执行力精辟地指出：“多年来的实践告诉我们，贯

① 宋功德，张文显．党内法规学［M］．北京：高等教育出版社，2020：255.

② 王振民，施新州，等．中国共产党党内法规研究［M］．北京：人民出版社，2016：184.

③ 寇政文．党的建设制度改革：历程・经验・前瞻：以党内法规文本（1978—2012）为考察对象［J］．甘肃理论学刊，2014（6）：77－83.

④ 中共中央文献研究室．十八大以来重要文献选编：上［M］．北京：中央文献出版社，2014：719－720.

彻执行法规制度没有绝招，关键在真抓，靠的是严管。”[①] 未来应当把提高党内法规执行力摆在更加突出位置。

首先，坚持以上率下，把抓“关键少数”和管“绝大多数”统一起来。习近平指出：“从严治党，关键是要抓住领导干部这个‘关键少数’，从严管好各级领导干部。”[②]《意见》要求，提高党内法规制度执行力，要坚持以上率下，从各级领导机关和党员领导干部做起，以身作则、严格要求，带头尊规学规守规用规。加强学习教育，加大党内法规宣讲解读力度，将党内法规制度作为各级党委（党组）中心组学习重要内容，纳入党校、行政学院、干部学院必修课程[③]。在上述基础上，《法治中国建设规划（2020—2025 年）》进一步明确提出，以各级领导机关和党员领导干部带头尊规学规守规用规，带动全党遵规守纪，把抓“关键少数”和管“绝大多数”统一起来。

其次，从“知规”“执规”到“评规”“督规”“护规”，建立完整党内法规实施链条。一是强化“知规”这个贯彻落实的前提，加大党内法规公开力度、宣讲解读力度、教育培训力度、普及宣传力度等，提高党内法规制度的公开性、透明度、知晓率；二是强化“执规”这个贯彻落实的重点，实行党内法规制度执行责任制，做到一级抓一级、层层抓落实，梳理执规职责清单，细化分解执行责任，做到责任到事、责任到岗、责任到人，做到有规必执、执规必严；三是强化“评规”这个推动贯彻落实的抓手，发挥实施效果评估在推动党内法规制度贯彻实施中的重要作用，建立健全党内法规制度执行情况、实施效果评估制度，特别是对准则、条例等

---

① 习近平．论坚持全面依法治国［M］. 北京：中央文献出版社，2020：154.

② 中共中央文献研究室．习近平关于全面从严治党论述摘编［M］. 北京：中央文献出版社，2016：138.

③ 中共中央印发《关于加强党内法规制度建设的意见》［N］. 人民日报，2017-06-26（1）.

重要党内法规要适时进行评估；四是强化“督规”这个推动贯彻落实的关键，要求强化监督检查，将党内法规制度实施情况作为各级党委督促检查、巡视巡察的重要内容，对重要党内法规制度开展定期督查、专项督查，并将监督检查结果在党内一定范围内通报，必要时可在新闻媒体公布，接受社会监督；五是强化“护规”这个保障贯彻落实的“压舱石”，畅通党员群众对违规违纪、执规不严等行为的反映和检举渠道，加大责任追究和惩处力度，严肃查处违反和破坏党内法规制度的行为，真正让铁规发力、禁令生威①。

再次，坚持“常”抓抓“长”，建立健全党内法规实施保障长效机制。提高党内法规制度执行力，不可能毕其功于一役，必须在“常”“长”二字上做文章，建立长效机制，提出刚性要求，常抓不懈、久久为功②。这就要求建立常态化的党内法规解释制度、有效的党内法规备案审查制度、科学的党内法规实施后评估制度、完备的党内法规执行责任制度以及严密的党内法规监督检查和追责问责制度，贯彻落实“有规必依、执规必严、违规必究”③。

最后，优化党内法规执行要素，将党内法规制度优势转化为管党治党的实际效能④。党内法规执行是由保障党内法规执行系统顺利运作的各要素构成的，包括执行主体、执行客体、执行资源和执行监控等执行要素。为有效革除执行障碍，应当着力优化党内法规执行的构成要素，包括但不限于提高执行主体综合素质、构建科学完备的党内法规体系、优化执行资源配置、增强执行监控力度等重要举措⑤。

---

① 宋功德．坚持依规治党［J］．中国法学，2018（2）：26－27.
② 宋功德．坚持依规治党［J］．中国法学，2018（2）：27.
③ 伊士国．党内法规实施保障体系之构建［J］．河南社会科学，2020（6）：27－35.
④ 欧爱民，何静．党内法规的执行构成及其要素优化［J］．河南社会科学，2020（8）：11－19.
⑤ 欧爱民，何静．党内法规的执行构成及其要素优化［J］．河南社会科学，2020（8）：11－19.

二、落实党内法规执行责任制

2020年中共中央办公厅印发《党委（党组）落实全面从严治党主体责任规定》，聚焦党委、党组两个关键主体，解决管党治党责任虚化问题，强化管党治党政治责任，打造管党治党责任链条，是巩固和提升党的十八大以来全面从严治党成效的重要举措，是贯彻落实党的十九届四中全会提出的“完善和落实全面从严治党责任制度”决策部署的重要举措[①]。但当前党内法规在执行中仍然存在责任追究选择性和随意性等问题[②]，需要严格落实党内法规制度执行责任制。

首先，实行党内法规制度执行责任制，做到有规必执、执规必严。做到一级抓一级，层层抓落实，梳理执规职责清单，细化分解执行责任，做到责任到事、责任到岗、责任到人。其次，严肃追究领导干部带头破坏、干扰党内法规执行的行为责任。狠抓领导干部尤其是“一把手”带头破坏党内法规、有意干扰党内法规的行为，严肃追究责任，切实解决“制人不制己”“制度面前要特权”等问题[③]。最后，要加大对随意变通制度、恶意规避制度行为的追究力度，对在执行中阳奉阴违、打擦边球的行为严肃追责，使制度真正成为带电的“高压线”[④]。

三、强化监督检查和追责问责

《意见》要求，未来应当强化监督检查和追责问责，将党内法规制度

---

① 宋功德．全面从严治党必须“责”字当头［J］．秘书工作，2020（4）：6－10．

② 宋功德，张文显．党内法规学［M］．北京：高等教育出版社，2020：341．

③ 宋功德，张文显．党内法规学［M］．北京：高等教育出版社，2020：342．

④ 宋功德，张文显．党内法规学［M］．北京：高等教育出版社，2020：342．

实施情况作为各级党委督促检查、巡视巡察的重要内容，对重要党内法规制度实施情况开展定期督查、专项督查。加大责任追究和惩处力度，严肃查处违反和破坏党内法规制度的行为。

一方面，强化监督检查，把权力关进制度的笼子。党的十八大以来，以习近平同志为核心的党中央，在总结各国国家治理普遍经验和中外权力制约监督理论的基础上，围绕加强对公权力的制约监督，提出了一系列新思想新理念，作出一系列新决策新部署，创造性地发展了马克思主义监督理论，推动党和国家监督局面焕然一新，开创了中国共产党新的权力监督哲学①。中国共产党新的权力监督哲学包括九个基本命题：（1）不受制约监督的权力必然导致腐败；（2）所有公权力都要受到监督；（3）党内监督是第一位的监督；（4）把权力制约挺在权力监督前面；（5）把权力关进制度的笼子里；（6）让权力在阳光下运行；（7）把权力关进“数据铁笼”；（8）运用监督执纪“四种形态”；（9）建立健全党和国家的监督体系②。习近平指出：“党的执政地位，决定了党内监督在党和国家各种监督形式中是最基本的、第一位的。”③ 在当代中国，党的领导权和执政权是最重要、最强大的公权力，党内监督是第一位的监督，对各级党组织和党员领导干部权力的制约和监督，首先和主要依靠党内监督。实践证明，党内监督有力有效，其他监督才能发挥作用；党内监督失灵失效，其他监督必然流于形式④。

---

① 黄文艺．权力监督哲学与执法司法制约监督体系建设［J］．法律科学（西北政法大学学报），2021（2）：32.

② 黄文艺．权力监督哲学与执法司法制约监督体系建设［J］．法律科学（西北政法大学学报），2021（2）：33－35.

③ 中共中央文献研究室．习近平关于全面从严治党论述摘编［M］．北京：中央文献出版社，2016：213.

④ 黄文艺．权力监督哲学与执法司法制约监督体系建设［J］．法律科学（西北政法大学学报），2021（2）：33.

另一方面，强化追责问责，唤醒责任意识，激发责任担当，倒逼责任落实[①]。经过三十多年的历史演进，《中国共产党问责条例》的出台标志着党内问责制走向成熟，形成了以问责主体、对象、内容、范围、方式、程序为基本要素的完整制度架构[②]，为净化党内政治生态、厚植党的执政根基提供了重要保障[③]。但当前的党内问责仍然存在一定的问题，应当进一步完善党内问责制的配套措施和辅助制度，同时处理好党内问责与行政问责、纪律处分、党内监督的关系[④]。从建立责任清单、创新督责考核、规范问责程序、拓宽线索渠道以及协同激励约束机制等方面，构建科学化的党内问责体系，并从思想教育、制度设计、法规健全与组织安排等多个层面打造廉能政党，解决好落实党内问责“最后一公里”问题[⑤]。

第三节

强化党内法规制度建设保障

为了全面推进依规治党，应当强化党内法规制度建设保障，把建设德

①② 谷志军．党内问责制：历史、构成及其发展［J］．社会主义研究，2017（1）：99－104.

③ 张乐，刘焕明．健全党内问责机制存在的问题及其解决路径［J］．思想理论教育，2019（3）：74－78.

④ 谷志军．党内问责制：历史、构成及其发展［J］．社会主义研究，2017（1）：99－104.

⑤ 张乐，刘焕明．健全党内问责机制存在的问题及其解决路径［J］．思想理论教育，2019（3）：74－78.

才兼备的高素质党内法规工作队伍摆到重要位置，加强党内法规专门工作队伍建设，加强党内法规理论专家队伍建设，健全党内法规后备人才培养机制。

一、加强党内法规专门工作队伍建设

首先，突出政治标准，建设一支政治立场坚定的党内法规专门工作队伍。政治性是党内法规之魂，旗帜鲜明讲政治是我们党作为马克思主义政党的根本要求。正如习近平在论述加强政法队伍建设时所强调的，“必须把理想信念教育摆在政法队伍建设第一位，不断打牢高举旗帜、听党指挥、忠诚使命的思想基础，坚持党的事业至上、人民利益至上、宪法法律至上，铸就‘金刚不坏之身’”[①]。党内法规专门工作队伍建设必须把政治标准放在首位，建设一支政治立场坚定的党内法规专门工作队伍，是党内法规建设工作的有力保障。《意见》强调，坚持把思想政治建设摆在首位，着力打造一支对党绝对忠诚、综合素质高、专业能力强、勇于担当负责、甘于吃苦奉献的党内法规专门工作队伍。

其次，加强党内法规学科建设，培养高素质复合型党内法规人才。党内法规学科建设对于中国共产党依规治党具有重要的理论和实践意义。随着制度治党、依规治党的全面推进，党内法规学已经成为一门显学，是法学、政治学、党建学、马克思主义理论等学科的共同研究对象。当前党内法规学主要作为法学、政治学、党建学的二级学科的一个研究方向，如在法学领域，党内法规学属于法理学和宪法行政法专业的一个研究方向，尚

---

① 习近平．论坚持全面依法治国［M］．北京：中央文献出版社，2020：55.

未获得独立的学科地位。而在“研究方向”层次开展党内法规人才培养工作，存在培养动力不足、发展空间受限等制度性障碍①。党内法规学的政治学、法学、党建学特征，决定了其归属为任何一个单一学科，都会受到学科的研究视角和研究方法的限制，无法满足党内法规建设实践的本质要求，无法培养出具有整体性知识结构、创新性思维方式以及多样化能力结构的高素质复合型党内法规人才②。根据学科独立的实质标准，党内法规学具有独立的研究对象、独特的学科价值和专门的研究方法③，未来应当加快推进党内法规学学科独立建设，推动党内法规学进入国务院学位委员会、教育部发布的学科目录，开辟党内法规人才培养工作新局面。

二、加强党内法规理论专家队伍建设

党内法规理论专家队伍主要是从事党内法规研究和教育工作的队伍，包括在普通高校、党校（行政学院）、社会科学院、军事院校、企业智库等机构工作的专业教师和研究人员。党内法规理论专家队伍建设，对党内法规理论创新和党内法规人才培养至关重要。

首先，从“多学科研究”到“跨学科交叉研究”，加快补齐党内法规理论研究短板。党内法规学属于典型的交叉学科，当前关于党内法规的研究多囿于法学、政治学、马克思主义理论等单一学科，属于典型的“多学科研究”，未来应当促进党内法规“跨学科交叉研究”，发现党内法规理论研究盲点，加快补齐党内法规基础理论、制定技术规范、监督问责等理论

---

① 周叶中，邵帅．党内法规学学科独立论［J］．江汉论坛，2020（8）：46－52.

② 王立峰，李洪川．复合型党内法规人才培养模式的探索与思考［J］．四川师范大学学报（社会科学版），2020（4）：50－58.

③ 周叶中，邵帅．党内法规学学科独立论［J］．江汉论坛，2020（8）：46－52.

研究短板，全面夯实党内法规理论体系。

其次，加快专家队伍建设，推动形成一批高质量研究成果。《中共中央关于全面推进依法治国若干重大问题的决定》提出，重点打造一支政治立场坚定、理论功底深厚、熟悉中国国情的高水平法学家和专家团队，建设高素质学术带头人、骨干教师、专兼职教师队伍[①]。参照党中央对法学专家队伍建设的要求，党内法规理论专家队伍建设应当着力打造一支政治立场坚定、理论功底深厚、熟悉中国国情的高水平党内法规理论专家队伍，推动形成一批高质量研究成果，推进全面依规治党的贯彻落实。

最后，重点建设一批党内法规高端智库和研究基地，引领和聚集一批党内法规研究人才。党内法规的交叉学科属性决定了在既有的法学、政治学、党建学等学科领域内的学科建设和理论研究，无法满足党内法规体系的建设要求。鉴于此，应当结合相关研究机构的学科和理论研究优势，重点建设一批党内法规高端智库和研究基地，引领和聚集一批党内法规研究专门人才，充实和壮大党内法规研究人才队伍。

三、健全党内法规后备人才培养机制

党内法规后备人才队伍建设事关党内法规全局工作以及长远发展，必须从学科层面构建独立的党内法规培养体系[②]，完善与党内法规学科相关的课程建设、教材建设、师资队伍建设、经费支持等学科资源，推进党内法规研究生教育，搭建跨学科课程体系，优化师资队伍结构。

首先，推进党内法规研究生教育，完善党内法规研究生培养机制。当

---

① 中共中央关于全面推进依法治国若干重大问题的决定［N］. 人民日报，2014－10－29（3）.

② 周叶中，邵帅 . 党内法规学学科独立论［J］. 江汉论坛，2020（8）：46－52.

前党内法规人才培养的主要对象是研究生，党内法规研究生是党内法规建设事业的后备力量，其培养质量在一定程度上决定着党内法规人才队伍的建设质量，对于党内法规的体系化建设具有重要的现实意义。未来应当进一步明确人才培养目标，完善人才培养方案，区分党内法规学术型研究生与专业型研究生。党内法规学术型研究生培养旨在培养党内法规研究型人才，党内法规专业型研究生培养旨在培养面向党的机关的应用型人才。在党内法规学尚未成为独立学科之时，党内法规研究生招生应当注重招收具有学科交叉背景的学生，如政治学专业招收具有法学或党建学学历背景的学生，法学专业招收具有政治学或党建学学历背景的学生。待条件成熟时，设立党内法规学为独立的学科，开设交叉学科课程，使学生具备交叉学科背景，融合不同学科的研究方法和优势，分析党内法规建设实践中的具体问题，从理论层面给予回应，为党内法规建设实践提供理论指引。在此基础上区分党内法规硕士研究生与博士研究生的培养目标和培养重点。探索设立党内法规学本科专业，尝试前置党内法规学教育，实现党内法规学的本、硕、博贯通培养。

其次，搭建跨学科课程平台体系，培养复合型党内法规人才。党内法规人才培养单位应当搭建跨学科课程平台，打造有特色、有前沿、有质量、有层次的研究生课程体系，实现课堂教学与实践教学协同创新①。当前党内法规课程体系设置受制于培养单位自身学科建设条件以及培养单位对党内法规学科属性的认识，有待进一步体系化、科学化、规范化②。党内法规学属于典型的交叉学科，其课程体系应当包括法学、政治学、党建

①② 王立峰，李洪川．复合型党内法规人才培养模式的探索与思考［J］．四川师范大学学报（社会科学版），2020（4）：57.

学、马克思主义理论等核心课程，同时突出人才培养单位的学科特色。

最后，优化师资队伍结构，为党内法规事业持续发展提供人才支撑。从我国当前党内法规师资队伍来看，党内法规学术研究队伍中能够长期从事党内法规学术研究的人员仍然相对匮乏，有资料显示，2019 年在全国范围内具有党内法规研究方向招生资格的指导教师只有 50 人左右，严重制约党内法规学术研究、学科发展和人才培养①。未来应当优化党内法规师资队伍结构，通过提供学科建设资源等物质保障，充实党内法规师资队伍，扩大党内法规招生规模，储备党内法规后备人才，满足各级党委党建对党内法规专门人才的迫切需求。

---

①　王立峰，李洪川．复合型党内法规人才培养模式的探索与思考［J］．四川师范大学学报（社会科学版），2020（4）：50－58.

第十章

加强涉外法治体系建设

面对中华民族伟大复兴战略全局和世界百年未有之大变局，以习近平同志为核心的党中央高瞻远瞩、审时度势，把“两个大局”作为擘画新时代法治中国建设的基点，不仅对国内法治建设予以高度关注，而且对涉外法治体系建设作出重要部署。党的十九届四中全会提出，“加强涉外法治工作，建立涉外工作法务制度，加强国际法研究和运用，提高涉外工作法治化水平”。党的十九届五中全会强调，“加强涉外法治体系建设，加强国际法运用”。中央全面依法治国工作会议提出，“坚持统筹推进国内法治和涉外法治”。《法治中国建设规划（2020—2025年）》要求，“适应高水平对外开放工作需要，完善涉外法律和规则体系，补齐短板，提高涉外工作法治化水平”。可见，党中央在对涉外法治的认识上，经历了从“涉外法律”到“涉外法治”再到“涉外法治体系”的命题升华；在加强涉外法治建设上，形成了思想引领与政策指引并驾齐驱的新形势。

第一节
全球化时代世界法律发展趋势

关于为什么要坚持统筹推进国内法治和涉外法治，现有研究大多在中华民族伟大复兴战略全局和世界百年未有之大变局这“两个大局”的宏观背景下展开论述，未充分揭示其背后深层次的法理原因。全球化时代世界法律发展理论[①]，是我们理解坚持统筹推进国内法治和涉外法治的法理基础。在全球化背景下，世界法律发展呈现出一种错综复杂的趋势与图景。法律国际化的进程仍在继续推进，法律全球化、区域化来势迅猛，法律本土化的呼声越来越高。这些发展趋势不仅会影响各个国家国内法治变革的方向，还会影响国际法治的总体格局，因此，我们需要统筹推进国内法治与涉外法治，推动全球治理变革。

一、法律国际化

“国际化”这一概念描述的是不同国家在经济、政治、法律、文化等各方面相互联系、彼此影响的程度[②]。作为整个国际化进程一部分的法律国际化，表征的是各个国家在法律（包括法律观念、法律教育与研究、法律制度、法律运作体制、法律服务等）上相互联系、彼此影响的程度。法律国际化的基本标志包括以下三个方面：

第一，国内法之间的相互影响。这是法律国际化的初级形式。一方面，国际经济、政治和文化交往的频繁性要求各国的法律彼此协调；另一方面，各国为了更好地推动本国法律的发展与改革，都必然借鉴或移植其他国家优秀的法律制度。

第二，国际法的形成。这是法律国际化的高级形式。各国共同遵守的法律只能由各国共同制定和认可，这就是国际法。国际法的大量涌现和迅速增长，是国际交流和合作不断加强的必然要求，是世界法律发展的基本趋势。

---

① 本节相关论述参见黄文艺．全球结构与法律发展［M］．北京：法律出版社，2006：1－39；黄文艺．全球化与世界法律发展［J］．学习与探索，2006（1）：55－59．

② 里斯本小组．竞争的极限：经济全球化与人类的未来［M］．张世鹏，译．北京：中央编译出版社，2000：34．

从结果上看，国际法的形成和发展最后表现为国际社会法律的统一。

第三，国际法与国内法的互动。国际法对国内法的影响主要表现为国际法的国内化，即国际法的概念、规则和原则转化为国内法的内容。国内法对国际法的影响主要表现为国内法的国际化，即国内法的概念、规则和原则上升为国际法的内容。在不少国家，由于国内法与国际法之间越来越密切的互动，国内法与国际法规则已经没有严格的区分①。

二、法律全球化

在全球社会中，由《威斯特伐利亚和约》确立的民族国家体系被打破，民族国家作为人类政治生活的核心共同体的地位被削弱②。大量次国家层次、跨国家层次和超国家层次的行为主体同国家一样在世界舞台上积极发挥作用。经济、文化、公共事务的全球化必然导致法律的全球化，法律全球化的基本标志和内容可概括为以下三项：

第一，世界法律的多元化。国家法不再是世界上法律的唯一表现形式，世界法律开始走向多元化和多样化。政府间国际组织、超国家组织和非政府间国际组织等三类非国家的行为主体正在创造或发展着不同于国家法的规则与秩序。

第二，世界法律的一体化。全球化使得全球范围内存在的各种形式的法比以往任何时候都更为紧密地联系在一起。其中任何一种法律体系的变动，可能都会立即引起其他法律体系的反应。法律一体化还意味着全球性

---

① 戴维·赫尔德，等．全球大变革：全球化时代的政治、经济与文化［M］．杨雪冬，周红云，陈家刚，等译．北京：社会科学文献出版社，2001：78.

② 王卓君，何华玲．全球化时代的国家认同：危机与重构［J］．中国社会科学，2013（9）：20.

共同法的形成，产生出越来越多的“全球性法律”“世界性法律”。

第三，全球治理的法治化。地球环境污染、气候恶化等全球公共问题的解决，既不能靠几个国家势单力薄的努力，也不能靠一些临时性的应急措施，而只能靠各国共同遵守的、长期稳定有效的法律制度。值得一提的是，随着国际社会越来越希望用法律的手段解决各种形式的跨国争端，国际上出现了越来越多的全球性争端解决机构与多元化争端解决机制。

三、法律区域化

一般来说，区域化运动表现为位于特定地区内的若干国家为了追求共同的经济、政治、军事利益而建立起或松散或紧密的区域合作机制或组织的国际努力。在当今世界，欧盟是最为成功、最为紧密的区域共同体。从欧盟的经验来看，法律区域化主要包括两方面的内容和特征：

第一，区域共同体法的形成。法律区域化的基本标志是形成了不同于各成员国法的区域共同体法。如欧盟法的主体部分是各成员国通过多边谈判、协商而签订的各项基础条约，另一部分是欧盟的主要机构根据基础条约所赋予的权限发布的各种规范性或非规范性的法律文件。欧盟法在各成员国中具有直接效力，并且优先于成员国法。

第二，区域共同体政治法律机构的建立。为了制定和适用区域共同体法，处理区域共同体层面的法律事务，区域共同体必然要建立独立的政治法律机构。欧盟主要的政治法律机构包括欧盟理事会、欧洲委员会、欧洲议会与欧洲法院等。

四、法律本土化

本土化常被当作与国际化、全球化相伴相随但相逆相反的趋势。从全球范围来看，法律本土化已经成为当今世界一种清晰可辨的法律发展思潮和运动。法律本土化几乎贯穿于所有民族，特别是非西方民族的法律现代化的历史进程中。法律本土化运动的基本表现包括三个方面：

第一，复兴传统法律文化。法律的本土化在很大程度上就是法律的传统化，即回归或复兴传统法律文化。因而，复兴传统法律文化构成了法律本土化运动最为根本的理论主张与实践努力。

第二，利用本土资源。法律本土化论者所提出的一种更为委婉和温和的主张是利用本土资源进行法治建设。如朱苏力教授认为，中国的法治不可能靠变法或者移植来建立，而必须从中国的本土资源中演化创造出来①。

第三，外来法的本土化改造。法律本土化运动不完全排斥外来法，甚至还主张适当地吸收或移植外来法。但法律本土化论者强调从本国的文化或国情出发对外来法进行本土化调适和改造，以使外来法能够融入本国的法律体系或法律文化之中，为民众所接受和遵守。

第二节

加快涉外法治工作战略布局

法治根据将不同治理领域作为进路空间，存在国内法治、涉外法治和

① 苏力．法治及其本土资源［M］．北京：中国政法大学出版社，1996：17.

国际法治三个概念。其中，国内法治与国际法治的概念频繁出现在国际组织的文件中[①]，学术界对国内法治与国际法治的论述也较多[②]。但是，涉外法治的概念使用得很少，最早出现在党的十九届四中全会通过的决定中。该概念是指一个国家以法治的思维与方式处理涉外事务，实际是以“涉外”这一因素，对分散的部门法的一种统合，旨在突出各法律部门、各法治领域中的涉外议题。从法理上看，只要是法律关系中含有涉外因素的，都会涉及涉外法治[③]。具体而言，涉外法治主要包括以下三个层面：一是包含涉外因素的国内法问题；二是可能关涉我国国家利益、公共利益、私人利益并需要我国通过法律机制予以回应的外国法问题；三是与我国相关的国际法问题[④]。

在法治时代，法律领域正成为国际斗争新领域，国家间法律战、诉讼战将会越来越激烈[⑤]。面对这些新变化，我国只有加强涉外法治工作，形成一系列制度化的要求，构建起与大国地位相适应的涉外法治体系，才能更好维护国家利益。对此，习近平指出：“要加快涉外法治工作战略布局，协调推进国内治理和国际治理，更好维护国家主权、安全、发展利益。”[⑥]“要加快推进我国法域外适用的法律体系建设，加强涉外法治专业人才培养，积极发展涉外法律服务，强化企业合规意识，保障和服务高水平对外

① 如2012年9月24日联合国大会通过的《国内和国际的法治问题大会高级别会议宣言》。

② 曾令良．国际法治与中国法治建设 [J]．中国社会科学，2015 (10)：135－146；赵骏．全球治理视野下的国际法治与国内法治 [J]．中国社会科学，2014 (10)：79－99；何志鹏．国际法治：一个概念的界定 [J]．政法论坛，2009 (4)：63－81；Eberhard P. Deutsch. An international rule of law [M]. Charlottesville：University Press of Virginia，1977.

③ 莫纪宏．加强涉外法治体系建设是重大的法学理论命题 [J]．探索与争鸣，2020 (12)：34.

④ 马怀德．迈向“规划”时代的法治中国建设 [J]．中国法学，2021 (3)：18－37.

⑤ 黄文艺．习近平法治思想中的未来法治建设 [J]．东方法学，2021 (1)：33.

⑥ 习近平．论坚持全面依法治国 [M]．北京：中央文献出版社，2020：5.

开放。”[1]

一、明确涉外法治战略布局的总体目标

涉外法治战略布局需要统筹国内与国际两个大局，在打好自身基础、练好“内功”的同时，也要积极主动输出本土法治经验，在国际上传播中国法治之声。具体而言，涉外法治战略布局的总体目标包括以下四个方面：

第一，有效实现国内法治的域外延伸。一是实现本国法的域外适用与实施，特别是以维护国家安全、国家发展、自然人和法人在海外利益为目标推进本国法的域外适用。二是确保本国法的国际效力。在边境制度，内水、领海、毗连区的划定等国际公法领域，应确保国家立法只要不违背国际法的强行性、禁止性规定，不违背国家的国际法义务，对于世界各国的各种主体和行动发生效力。

第二，有效实现域外法律的国内管控。法律领域正在成为国际斗争新领域，国家间法律战、诉讼战将会越来越激烈。其他国家可能通过立法、执法和司法方面的域外管辖，对我国国家、组织、公民构成不当干涉、制裁和束缚。我国不仅需要确立法律程序，对于外国法律域外适用的合理性予以分析，有效防范、抵御、阻断外国法对我国国家、组织和公民的不当适用，也需要发展涉外法律服务业使规则的运行得到有效保证[2]。

第三，有效实现国际法治的本土化。国际法治就是在国际关系中用普

---

① 习近平主持召开中央全面依法治国委员会第二次会议强调 完善法治建设规划提高立法工作质量效率 为推进改革发展稳定工作营造良好法治环境［N］. 人民日报，2019-02-26（1）.

② 何志鹏. 涉外法治：开放发展的规范导向［J］. 政法论坛，2021（5）：177-191.

遍适用的规则明辨是非、定分止争，摒弃“强者为所欲为，弱者逆来顺受”的丛林法则。国际法治不是一个外在于中国的既定体系和进程，中国应将体现中国意愿、意志和理念的国际法规范引入中国，使之成为中国法的一部分。在贸易、环境、人权等领域制定的涉外公法需要化为行动，我国应充分认可这些全球共同理念，并积极履行国际承诺，为国际社会共同应对风险和挑战作出贡献①。

第四，有效实现国内法治的国际化。中国作为一个负责任的世界大国，应将本国行之有效的法治理念、法治文化、法治原则和治理经验融入国际法治体系的完善之中，站在人类法治和道义制高点上提出世界法治发展方案，积极参与国际法新规则的确立和既有系统的改进，确保建立一个既有利于中国发展也有利于人类命运共同体的新型国际法治体系。

二、加快我国法域外适用的法律体系建设

党的十九届四中全会提出“加快我国法域外适用的法律体系建设”，这为中国法治体系建设提出了更高的要求。习近平也强调，“加快推进我国法域外适用的法律体系建设，为我国涉外执法、司法活动提供法律依据”②。“所谓国内法的域外适用，是指具有域外效力的国内法适用于涉及外国的人、物、事。”③ 理论上，中国法的域外适用法律体系应包括“确立中国法域外效力的规则”和“实施中国法域外适用的规则”两个部分④。从现行规则与实践来看，完整的中国法域外适用的法律体系尚未形成，保

---

① 何志鹏．涉外法治：开放发展的规范导向［J］．政法论坛，2021（5）：177－191．

② 习近平．论坚持全面依法治国［M］．北京：中央文献出版社，2020：257．

③ 黄进，鲁洋．习近平法治思想的国际法治意涵［J］．政法论坛，2021（3）：10．

④ 廖诗评．中国法域外适用法律体系：现状、问题与完善［J］．中国法学，2019（6）：22．

守性色彩浓厚，确立域外效力规则和保证域外适用效果规则均有不足。

第一，将不违反国际法作为我国法域外适用法律体系建设的原则。国内法的域外适用体现了国内法的对外扩张性，只有不违反国际法，才能避免国际冲突的产生。源于国际法院的“荷花号”案判决[①]，“国际法非明令禁止即允许”成为国家管辖权边界的结构性原则，但随着全球化的深入，我们不能仅强调“不得违反国际法禁止性规则”[②]。总体看来，国内法域外适用首先不得违反国际法禁止性规则，但是否需要以国际法明确规定作为依据，则应根据具体情况进行个案分析[③]。

第二，完善我国法域外效力的法律规则。目前，我国确立我国法域外效力的法律规则仍具有保守性。随着国力的增强和需要保护的海外利益的增多，以及为了有效应对他国针对我国的司法干涉行为，我国法域外效力的法律规则需要改造为积极进取型，以便执法机关开展监管活动，保护国家与公民利益[④]。目前，我国的《反不正当竞争法》《证券法》等已规定域外效力规则，还创设了私人追偿制度。但仍有部分领域缺乏域外效力规则，我们需要在国家安全、反恐、金融、反洗钱、网络安全和经济安全等重点领域确立我国法域外效力规则。在具体规则的设定上，“可以考虑以效果原则等体现保护管辖权性质的连接点为基础，将境外特定行为纳入域外效力范围”[⑤]。

第三，强化我国法域外适用规则的实施效果。一是强化我国法域外适

---

① Lotus Case，PCIJ Series A，No. 10，at 18 - 19.

② 陈一峰．国际法不禁止即为允许吗?：“荷花号”原则的当代国际法反思［J］. 环球法律评论，2011（3）：132 - 141；Cedric Ryngaert. Jurisdiction in international law［M］. London：Oxford University Press，2015.

③ 廖诗评．中国法域外适用法律体系：现状、问题与完善［J］. 中国法学，2019（6）：33.

④ 宋杰．进取型管辖权体系的功能及其构建［J］. 上海对外经贸大学学报，2020（5）：22 - 34.

⑤ 廖诗评．中国法域外适用法律体系：现状、问题与完善［J］. 中国法学，2019（6）：34.

用规则中的法律责任。对于犯罪行为，应根据行为人是否在国内而相应通过提起公诉、引渡、双边司法协助等途径对行为人行使管辖权；对于未构成犯罪的行为，应充分将行政责任纳入我国法域外适用法律责任体系。二是加大我国法域外适用程序规则的设置力度，针对各类国内法域外适用措施设置各类具体的程序性要求。三是加强我国法院在域外适用中的作用。包括法院在处理私人法律关系案件时适用公法性质的规则，以及在处理非私人法律关系案件时将国内法进行域外适用。

三、健全涉外经贸法律和规则体系

"涉外法律法规体系是指一国的国内法中用以调整涉外法律关系的法律法规所形成的有机系统。"[①] 在贸易保护主义甚嚣尘上、逆全球化趋势有所抬头的国际形势下，完善涉外法律法规体系的"牛鼻子"是健全涉外经贸法律和规则体系。具体而言，主要包括完善对外贸易法律体系、对外投资法律体系与外商投资法律体系等[②]。

第一，对外贸易与对外投资法律和规则体系的完善。《中共中央关于制定国民经济和社会发展第十四个五年规划和二〇三五年远景目标的建议》中提到，"健全促进和保障境外投资的法律、政策和服务体系，坚定维护中国企业海外合法权益，实现高质量引进来和高水平走出去"。近年来，我国对外投资与对外贸易常遭受到外国的政变、动乱、征收、外汇管制、环境风险等政治风险与"非传统政治风险"[③]。因此，我国需要发挥法

① 黄进，鲁洋．习近平法治思想的国际法治意涵［J］．政法论坛，2021（3）：8.

② 关于涉外经贸法律和规则体系的划分，参见崔书锋．对进一步完善我国涉外经贸法律体系与WTO调整适应的思考［J］．世界贸易组织动态与研究，2002（10）：16－21.

③ 韩冰．如何更好维护中企海外权益［N］．环球时报，2020－11－13（15）.

律的引领作用，继续健全保护海外利益的法律、政策和服务体系，尽早出台“领事保护与协助工作条例”等涉及进出口贸易、海外投资、对外援助、战略资源和能源供给、粮食安全以及海外基础设施维护的法律法规，并据此制定较为可行的政策措施①。

第二，外商投资法律和规则体系的完善。2019 年，《外商投资法》的出台，为加强外商投资促进和保护、积极有效利用外资、进一步扩大对外开放等提供了强有力的法律保障。该法作为基础性法律，还需要制定一些与之配套的法规或实施细则。2019 年，国务院颁布了《外商投资法实施条例》；2020 年，商务部发布了《外商投资企业投诉工作办法》，国家发展和改革委员会、商务部发布了《外商投资安全审查办法》。在此基础上，有关部门应进一步健全对内外资企业平等待遇、外商投资国家安全审查、反垄断审查、外商投资准入负面清单等方面的实施细则，进一步清理与修改与《外商投资法》不符的法律、法规、规范性文件等。

四、完善涉外法治服务体系

随着我国实施“一带一路”建设，迫切要求树立“国家利益拓展到哪里，法治服务就跟进到哪里”的理念，加快构建涉外法治服务体系。《中共中央关于全面推进依法治国若干重大问题的决定》《关于发展涉外法律服务业的意见》《法治中国建设规划（2020—2025 年）》等均对加强涉外法律服务工作作出了重要部署。当前，涉外法治服务体系主要可从以下三个方面予以完善：

第一，建立涉外工作法务制度。目前，我国的驻外使领馆大多设立经济、文化、商务参赞，未设立法务参赞。习近平指出：“对在重点国家和

---

① 高凌云，程敏．统筹推进和加强我国海外利益保护［J］．中国发展观察，2021（5）：30－32.

地区使领馆设立法务参赞制度的问题，有关部门要研究论证。”[1] 法务参赞的主要职责应包括以下方面：一是推动与驻在国的法律交流和执法司法合作；二是了解驻在国的法律制度、司法状况，宣传我国的法治建设成果；三是为我国公民和企业在驻在国提供法律服务和法律咨询，协调解决涉外纠纷，支持其在境外依法维权[2]。

第二，为中国企业和公民“走出去”提供法律服务。一是鼓励和支持法律服务机构和人员参与中国企业和公民“走出去”法律事务。二是以“一带一路”等我国海外利益密集、海外安全问题突出的地区为重点，建立健全海外法律和安全风险的评估防范机制和权益维护机制。三是强化企业合规意识，让“走出去”的企业在合规方面不授人以柄。四是拓展涉外知识产权法律服务，做好涉外诉讼、仲裁代理工作，维护我国公民、法人在海外及外国公民、法人在我国的正当权益，依法维护海外侨胞权益。

第三，进一步建设涉外法律服务机构。一是培养一批在业务领域、服务能力方面具有较强国际竞争力的涉外法律服务机构，推出国家和地方涉外法律服务机构示范单位。二是制定涉外法律服务机构建设指引，完善其内部组织结构、质量控制、风险防范、利益分配等制度，不断提升法律服务机构管理水平。三是支持国内律师事务所通过在境外设立分支机构、海外并购、联合经营等方式，在世界主要经济体所在国和地区设立执业机构，开拓海外法律服务市场。

五、加强执法司法国际合作

习近平提出：“‘合则强，孤则弱。’合作共赢应该成为各国处理国际

① 习近平．论坚持全面依法治国［M］．北京：中央文献出版社，2020：257．

② 曹吉锋．“一带一路”涉外法律服务实践与思考：以涉东盟国家法律服务为例［J］．经济与社会发展，2020（6）：14．

事务的基本政策取向。”[①]《中共中央关于全面推进依法治国若干重大问题的决定》《法治中国建设规划（2020—2025年）》均强调了加强执法司法国际合作，具体而言：

第一，积极参与执法安全国际合作。习近平指出：“国与国之间开展执法安全合作，既要遵守两国各自的法律规定，又要确保国际法平等统一适用，不能搞双重标准，更不能合则用、不合则弃。”[②] 当前，影响我国安全稳定的不少问题，都是跨国性问题，甚至源头在境外，例如恐怖主义、毒品走私、电信诈骗、网络攻击等犯罪。只有主动与有关国家加强执法安全合作，从源头上铲除祸根，才能有效保障国内安宁。为此，我国应积极参与执法安全国际合作，共同打击暴力恐怖势力、民族分裂势力、宗教极端势力和贩毒走私、跨国有组织犯罪等。

第二，深化国际司法合作。“国际司法合作是指世界各国和地区在运用司法手段制裁国际犯罪或者解决跨国纠纷时，依据签订的双边条约和国际公约，或遵循相关的国际惯例，彼此之间提供支持、便利和帮助的司法行为。”[③] 在全球化背景下，国际犯罪、跨国民商事纠纷层出不穷。《中共中央关于全面推进依法治国若干重大问题的决定》就特别强调：“深化司法领域国际合作，完善我国司法协助体制，扩大国际司法协助覆盖面。加强反腐败国际合作，加大海外追赃追逃、遣返引渡力度。”2018年10月26日，《中华人民共和国国际刑事司法协助法》出台，标志着我国刑事司法协助工作走上法治化轨道。进一步深化国际司法合作可从以下方面展开：

---

① 习近平．论坚持推动构建人类命运共同体［M］．北京：中央文献出版社，2018：132.

② 习近平．坚持合作创新法治共赢 携手开展全球安全治理：在国际刑警组织第八十六届全体大会开幕式上的主旨演讲［N］．人民日报，2017-09-27（2）.

③ 陈雷．反腐败国际合作理论与实务［M］．北京：中国检察出版社，2012：5.

积极参与缔结关于国际司法协助的国际条约，促进我国与世界各国之间互惠关系的形成；进一步出台国内配套法律法规，完善各类司法协助制度与法院国际司法协助工作管理机制；加强互联网等高科技技术在国际司法协助中的应用；等等。

六、提高涉外法律斗争能力

在新形势下，应善于运用法治思维和法治方式有效应对外部风险挑战，综合利用立法、执法、司法等手段开展斗争，坚决维护国家主权、尊严和核心利益。习近平指出："在对外斗争中，我们要拿起法律武器，占领法治制高点，敢于向破坏者、搅局者说不。"[①] "我们要坚持走和平发展道路，但决不能放弃我们的正当权益，决不能牺牲国家核心利益。任何外国不要指望我们会拿自己的核心利益做交易，不要指望我们会吞下损害我国主权、安全、发展利益的苦果。"[②] 涉外法律斗争是一个新课题、新任务、新战场，既是挑战也是机遇，既有紧迫性又具长期性，我们要加强谋划，妥为应对，提高涉外法律斗争能力。

第一，坚决维护领土主权和海洋权益。"中国对南海诸岛及其附近海域的主权有充分的历史和法理依据。"[③] 但部分南海周边国家侵占南沙部分岛礁，引发了与中国的领土主权与海洋划界争端，近年来，还衍生出自然资源开发利用、海洋科学研究、航行自由和安全等海洋战略利益争端。近年来，习近平在不同场合阐述了中国在南海问题上的原则立场。中国将坚

---

① 习近平．加强党对全面依法治国的领导［J］．求是，2019（4）：6.

② 习近平．论坚持推动构建人类命运共同体［M］．北京：中央文献出版社，2018：3.

③ 贾宇．南海问题的国际法理［J］．中国法学，2012（6）：26.

持“主权属我、搁置争议、共同开发”[①] 的方针，坚定维护在南海的主权和相关权利，致力于维护南海地区和平稳定，坚持通过同直接当事国友好协商谈判和平解决争议。

第二，做好他国法不当域外适用的法律应对和反制工作。习近平提出：“要加强反制理论和实践研究，建立阻断机制，以法律的形式明确我国不接受任何国家的‘长臂管辖’。”[②] 2021 年 1 月，商务部出台《阻断外国法律与措施不当域外适用办法》，为拒绝承认、执行和遵守有关外国法律与措施提供了法律依据[③]。在有效落实该办法的基础上，还应采取与其他国家合作共同反对美国过度域外管辖、协助中国企业和个人做好个案应对等措施[④]。

第三节
推动建设新型国际法治

21 世纪以来，国际关系加速重组，国际秩序深刻转型。“黑天鹅”与“灰犀牛”交替出现，单边主义、保护主义、霸凌主义肆虐，严重冲击国

① 习近平在中共中央政治局第八次集体学习时强调 进一步关心海洋认识海洋经略海洋 推动海洋强国建设不断取得新成就［N］. 人民日报，2013-08-01（1）.

② 习近平．论坚持全面依法治国［M］. 北京：中央文献出版社，2020：257.

③ 商舒．中国域外规制体系的建构挑战与架构重点：兼论《阻断外国法律与措施不当域外适用办法》［J］. 国际法研究，2021（2）：63-80.

④ 李庆明．论美国域外管辖：概念、实践及中国因应［J］. 国际法研究，2019（3）：3-23.

际秩序稳定。“西方的治理理念、体系和模式暴露出种种弊端，美欧等西方国家为全球治理提供公共产品的动力和意愿明显不足，各国赖以生存和发展的国际秩序和国际体系面临瓦解风险，国际社会对变革全球治理体系的呼声越来越高。”[①] 中国作为一个负责任的世界大国，应当站在人类法治和道义制高点上提出世界法治发展方案，主持或参与国际规则制定，推动构建新型国际法治体系。习近平指出：“全球治理体系正处于调整变革的关键时期，我们要积极参与国际规则制定，做全球治理变革进程的参与者、推动者、引领者。”[②] “要提高国际法在全球治理中的地位和作用，确保国际规则有效遵守和实施，坚持民主、平等、正义，建设国际法治。”[③]

一、推动形成和平、发展、公平、正义、民主、自由的国际关系

“国内法治中追求的良法善治体现在国内社会的核心价值追求上，在中国就是社会主义核心价值观。国际法治同样需要价值指引。”[④] 2015 年 9 月 28 日，习近平在第 70 届联合国大会一般性辩论时的讲话中强调：“和平、发展、公平、正义、民主、自由，是全人类的共同价值，也是联合国的崇高目标。”[⑤] 此后，习近平多次强调全人类共同价值，突出价值引领，将全人类共同价值与国际法治紧紧地联系在一起。

第一，和平与发展的国际关系。和平与发展是《联合国宪章》的根本

① 中国国际私法学会课题组．习近平法治思想中的国际法治观［J］．武大国际法评论，2021（1）：2.

② 习近平．加强党对全面依法治国的领导［J］．求是，2019（4）：6.

③ 习近平．论坚持推动构建人类命运共同体［M］．北京：中央文献出版社，2018：291.

④ 柳华文．论习近平法治思想中的国际法要义［J］．比较法研究，2020（6）：6.

⑤ 习近平．论坚持推动构建人类命运共同体［M］．北京：中央文献出版社，2018：253－254.

宗旨，也是国际法产生和发展的基本价值。和平与发展相辅相成，和平促进发展，发展巩固和平。当今世界仍很不太平，战争的“达摩克利斯之剑”依然高悬。习近平倡议：“世界各国应该共同维护以联合国宪章宗旨和原则为核心的国际秩序和国际体系，积极构建以合作共赢为核心的新型国际关系，共同推进世界和平与发展的崇高事业。”① 习近平指出：“中国将坚持走和平发展道路，坚持独立自主的和平外交政策，坚持奉行互利共赢的开放战略，坚持正确义利观，在和平共处五项原则基础上发展同各国的友好合作，始终做维护世界和平、促进共同发展的坚定力量。”②

第二，公平与正义的国际关系。公平、正义是世界各国人民在国际关系领域追求的崇高目标。实现公平、正义的国际关系的核心路径是推进国际关系法治化，推动各方面在国际关系中遵守国际法和公认的国际关系基本原则，用统一适用的规则实现“明是非”的法治目标。习近平指出：“在国际社会中，法律应该是共同的准绳，没有只适用他人、不适用自己的法律，也没有只适用自己、不适用他人的法律。适用法律不能有双重标准。”③

第三，民主与自由的国际关系。民主、自由是基本的政治价值理念，是人类文明发展的产物。坚持主权平等是形成民主与自由的国际关系的基石。习近平指出：“主权平等，真谛在于国家不分大小、强弱、贫富，主权和尊严必须得到尊重，内政不容干涉，都有权自主选择社会制度和发展道路……新形势下，我们要坚持主权平等，推动各国权利平等、机会平等、规则平等。”④ “我们应该共同推动国际关系民主化。世界的命运必须

① 习近平谈治国理政：第 2 卷 [M]. 北京：外文出版社，2017：446.
② 习近平．论坚持推动构建人类命运共同体 [M]. 北京：中央文献出版社，2018：223.
③ 习近平．论坚持推动构建人类命运共同体 [M]. 北京：中央文献出版社，2018：134.
④ 习近平．论坚持推动构建人类命运共同体 [M]. 北京：中央文献出版社，2018：416-417.

由各国人民共同掌握，世界上的事情应该由各国政府和人民共同商量来办。垄断国际事务的想法是落后于时代的，垄断国际事务的行为也肯定是不能成功的。”①

二、积极参与国际规则制定

国际规则的形成是参与国协商、协调与博弈的结果。当前，国际竞争的重心已经从对势力范围的控制转为对国际规则的制定权②。《中共中央关于全面推进依法治国若干重大问题的决定》要求，“积极参与国际规则制定，推动依法处理涉外经济、社会事务，增强我国在国际法律事务中的话语权和影响力”。习近平强调，我国要积极参与国际规则制定，推动全球治理体系变革。党的十八大以来，我国通过提出并推进“一带一路”建设、积极参与《巴黎协定》的制定、促成国际货币基金组织等联合国专门机构改革、助推全球互联网治理国际规则的构建等，为国际规则的制定贡献了中国方案。进一步完善我国积极参与国际规则制定的主要路径包括：

第一，积极推动和参与重点领域的国际规则制定。我国应积极推动和参与各国共同关心的全球环境污染、气候变化、资源能源安全、网络信息安全、知识产权保护、打击恐怖主义、反腐败、扶贫减灾、太空开发利用、防范重大传染性疾病等全球公共问题的国际规则制定，有效主导国际立法，发出更多中国声音，注入更多中国元素，努力在全球化中抢占先机、赢得主动。

第二，加强我国的国际规则创制能力。国际规则的创制能力是指，一

① 习近平．论坚持推动构建人类命运共同体［M］．北京：中央文献出版社，2018：133.
② 黄进．习近平全球治理与国际法治思想研究［J］．中国法学，2017（5）：18.

国为整个国际体系或某一问题领域管理国家行为和国家间互动而提出合理、可行的原则、规范、规则的能力，创设相关国际制度、引领区域合作、协调利益攸关方的能力①。中国在不断提升整体实力和领域优势的基础上，需加强国际规则的创制能力，可主要从以下方面入手：一是提高规则设计与创新能力，提出具有足够正当性、必要性、可行性、创新性的国际规则，让他国自愿接受和遵守。二是提高国际制度创设能力和区域合作引领能力，以便更好地将国际组织和区域合作变成中国积极参与、引导和塑造国际规则制定的主要机制。三是提高规范劝服和组织协调能力，国际规则大多是多国经过协商和妥协才达成的，我国需通过规范劝服和组织协调在国际规则制定中扮演更加积极主动的角色②。

第三，完善我国参与国际规则制定的保障机制。一是机制保障，从立法工作全局的高度，规划条约的缔结、解释和适用工作，明确条约在国内法上的地位与效力，通过加强履约工作遏制对手，保障和平发展空间；二是机构保障，建立既能够把握国际法规则总体格局，又熟悉具体领域的单一机构，统一条约缔结工作；三是人才保障，培养一批熟悉国际通用语言、国际规则制定、中国核心利益与诉求的涉外法治人才③。

三、构建以人类命运共同体为目标的新型国际法治体系

当下，国际局势波谲云诡，全球化面临单边霸凌、“退群毁约”等挑战，恐怖主义、难民危机、气候变化、金融动荡等问题呈现蔓延趋势。在

① 潘忠岐．广义国际规则的形成、创制与变革［J］．国际关系研究，2016（5）：21.

② 孙溯源．中国参与国际规则的制定与变革：兼论中国与国际贸易规则改革［M］//复旦国际关系评论：第26辑．上海：上海人民出版社，2020：15－17.

③ 冯光．国际规则制定：中国的责任与担当［N］．中国社会科学报，2017－11－22（5）.

此背景下，亟待构建以人类命运共同体为目标的新型国际法治体系。

第一，以构建人类命运共同体为根本目标。习近平提出“世界怎么了、我们怎么办?”的时代之问，并明确给出了中国的方案，即“共同构建人类命运共同体”[①]。习近平指出：“人类命运共同体，顾名思义，就是每个民族、每个国家的前途命运都紧紧联系在一起，应该风雨同舟，荣辱与共，努力把我们生于斯、长于斯的这个星球建成一个和睦的大家庭，把世界各国人民对美好生活的向往变成现实。”[②] 人类命运共同体具有丰富的国际法内涵与意义，是构建新型国际法治体系的核心目标。具体而言，在人类命运共同体理念指导下，建设新型的国际法治应实现如下目标：一是坚持对话协商，建设一个持久和平的世界；二是坚持共建共享，建设一个普遍安全的世界；三是坚持合作共赢，建设一个共同繁荣的世界；四是坚持交流互鉴，建设一个开放包容的世界；五是坚持绿色低碳，建设一个清洁美丽的世界[③]。

第二，以和平共处五项原则为坚实基础。和平共处五项原则是指，互相尊重主权和领土完整、互不侵犯、互不干涉内政、平等互利、和平共处。该原则是第一代中国领导人在20世纪50年代提出来的，到今天仍然没有过时，而且历久弥新。习近平认为，和平共处五项原则集中体现了主权、正义、民主、法治的价值观，已成为国际关系基本准则和国际法基本原则，有力维护了广大发展中国家权益，为推动建立更加公正合理的国际政治经济秩序发挥了积极作用[④]。中国将继续倡导和实践和平共处五项原则，

① 习近平．论坚持推动构建人类命运共同体［M］．北京：中央文献出版社，2018：414－426.
② 习近平．论坚持推动构建人类命运共同体［M］．北京：中央文献出版社，2018：510.
③ 习近平．论坚持推动构建人类命运共同体［M］．北京：中央文献出版社，2018：418－422.
④ 习近平．论坚持推动构建人类命运共同体［M］．北京：中央文献出版社，2018：129.

推动国际关系法治化，推动全球治理体系改革，建设新型国际法治体系。

第三，以国际立法民主化、国际执法严格化与国际司法公正化[①]为基本要求。一是推进国际立法民主化。在国际社会，没有一个凌驾于主权国家之上的世界政府，也没有一个统一的立法机构，民主立法是国际立法的必由之路。国际立法民主化应以公正合理为价值导向，运用平等协商的方式，实现互利共赢。习近平指出："规则应该由国际社会共同制定，而不是谁的胳膊粗、气力大谁就说了算，更不能搞实用主义、双重标准，合则用、不合则弃。"[②] 二是推进国际执法严格化。由于国际社会不存在一个垄断暴力的机构，一些国家在国际社会中有法不依、执法不严的现象时有发生。国际执法严格化的最优路径是各国自觉遵守国际法，自觉依法行使国际权利，自觉善意履行国际义务。但严格执行国际法不能仅寄希望于各国的自觉遵守，还需要各国积极参与国际执法，完善国际执法合作机制。三是推进国际司法公正化。只有确保国际司法代表和体现公平正义，才能维护国际法治的生命力。国际司法公正化的实现，需要各国和国际司法机构对各主体平等、统一地适用国际法，对国际法作出合理性、正当性的法律解释，在民事审判、行政审判与刑事审判领域有效推进国际司法合作。

---

① 黄进，鲁洋．习近平法治思想的国际法治意涵［J］．政法论坛，2021（3）：10.

② 习近平主席在出席亚太经合组织第二十六次领导人非正式会议时的讲话［M］．北京：人民出版社，2018：8.

后　记

本书是中国人民大学科研项目“新征程中的法治中国建设”（项目号：21XNQ040）的研究成果，已纳入“中国式现代化研究丛书”。本书是课题组全体成员集体智慧的结晶。全书写作具体分工如下：黄文艺，绪论、第一章、第七章；强梅梅，第二章、第三章；彭小龙，第六章；王楷，第四章；付新华，第九章；赵毅宇，第十章；邱滨泽，第五章；成亮，第八章。最后，全书由课题组负责人黄文艺统稿，赵毅宇协助统稿。中国人民大学校领导、审读专家对本书的撰写和修改提出了富有价值的指导意见，中国人民大学科研处、中国人民大学出版社对本书的撰写和出版给予了大力支持。在此，我们一并表示诚挚的感谢。

课题组负责人　黄文艺

2021 年 12 月 14 日